本领

高惺惟 —— 著

中央党校出版集团　大有书局

图书在版编目（CIP）数据

本领 / 高惺惟著 . —北京：大有书局，2023.4
ISBN 978－7－80772－103－1

Ⅰ.①本… Ⅱ.①高… Ⅲ.①中国经济-社会主义市场经济-经济理论 Ⅳ.①F123.91

中国版本图书馆 CIP 数据核字（2022）第 208539 号

书　　名	本领
作　　者	高惺惟
责任编辑	李瑞琪　王佳伟
责任校对	李盛博
责任印制	袁浩宇
封面设计	耿中虎
出版发行	大有书局
	（北京市海淀区长春桥路 6 号　100089）
综 合 办	（010）68929273
发 行 部	（010）68922366
经　　销	新华书店
印　　刷	北京盛通印刷股份有限公司
版　　次	2023 年 4 月北京第 1 版
印　　次	2023 年 4 月北京第 1 次印刷
开　　本	170 毫米×240 毫米　1/16
印　　张	12.75
字　　数	189 千字
定　　价	45.00 元

本书如有印装问题，可联系调换，联系电话：(010) 68928947

序　言

党的二十大报告明确指出："从现在起，中国共产党的中心任务就是团结带领全国各族人民全面建成社会主义现代化强国、实现第二个百年奋斗目标，以中国式现代化全面推进中华民族伟大复兴。"中国共产党自成立以来，始终把为中国人民谋幸福、为中华民族谋复兴作为自己的初心使命。党的十九届六中全会通过了《中共中央关于党的百年奋斗重大成就和历史经验的决议》，全面系统总结了一百年来我们党领导人民进行伟大奋斗的历史经验。中国共产党很清楚，只有坚持以经济建设为中心，才会有丰厚的发展成果和人民生活的不断改善，才更有理由讲社会主义制度的优越性，否则，一切都是空谈。经济工作是党和国家的中心工作，做好经济工作是党治国理政的重大任务。只要国内外大势没有发生根本变化，坚持以经济建设为中心就不能也不应该改变。这是党的基本路线一百年不动摇的根本要求，也是解决当代中国一切问题的根本要求。

"明者因时而变，知者随世而制。"中国特色社会主义进入新时代，中国经济发展呈现新常态，也进入了新发展阶段。正确认识党和人民事业所处的历史方位和发展阶段，是我们党明确阶段性中心任务、制定路线方针政策的根本依据，也是我们党领导革命、建设、改革不断取得胜利的重要经验。党的十八大以来，习近平总书记对经济社会发展提出了许多重大理论和理念，其中新发展理念是最重要、最主要的。理念很重要，是行动的先导，有什么样的理念才可能有什么样的行动。贯彻新发展理念是新时代我国发展壮大的必由之路。新发展格局是根据我国发展阶段、环境、条件变化提出来的，是重塑我国国际合作和竞争新优势的战略抉择，是我国努力在危机中育新机、于变局中开新局的重要抓手。

党的十八大以来，面对严峻复杂的国际形势和艰巨繁重的国内改革发展稳定任务，以习近平同志为核心的党中央高瞻远瞩、统揽全局、把握大势，提出一系列新理念新思想新战略，指导我国经济发展取得历史性成就、发生历史性变革，在实践中形成和发展了习近平经济思想。正是在习近平经济思想的科学指引下，我国经济建设取得重大成就，国家经济实力、科技实力、综合国力跃上新台阶，经济发展平衡性、协调性、可持续性明显增强，迈上更高质量、更有效率、更加公平、更可持续、更为安全的发展之路。习近平经济思想是习近平新时代中国特色社会主义思想的重要组成部分，是中国共产党不懈探索社会主义经济发展道路形成的宝贵思想结晶，是马克思主义政治经济学与中国实践相结合的最新理论成果，使中国特色社会主义政治经济学更加成熟定型。

经济工作是党的中心工作，我们国家搞的是社会主义市场经济，我们的领导干部当然要学习社会主义市场经济基本原理。社会主义市场经济的本质就是中国共产党领导下的市场经济。我们既要坚持党对经济工作的领导，又要遵循市场经济的一般规律。没有离开政治的经济，也没有离开经济的政治，要从讲政治的高度做经济工作。要用好供给和需求"两支桨"，二者相互依存、互为条件。没有需求，供给就无从实现，新的需求可以催生新的供给；没有供给，需求就无法满足，新的供给可以创造新的需求。要用好市场和政府"两只手"，资源配置应首先让"看不见的手"发挥决定性作用，在市场覆盖不到的地方，应同时发挥"看得见的手"的作用。

公有制为主体、多种所有制经济共同发展，按劳分配为主体、多种分配方式并存,社会主义市场经济体制等社会主义基本经济制度,既体现了社会主义制度优越性,又同我国社会主义初级阶段社会生产力发展水平相适应,是党和人民的伟大创造。毫不动摇巩固和发展公有制经济,毫不动摇鼓励、支持、引导非公有制经济发展。探索公有制多种实现形式,推进国有经济布局优化和结构调整,发展混合所有制经济。健全支持民营经济、外商投资企业发展的法治环境,完善构建亲清政商关系的政策体系,促进非公有制经济健康发展。坚持按劳分配为主体、多种分配方式并存,提高劳动报酬在初次分配中的比重,健全劳动、资本、土地、知识、技术、管理、数据等生产要素由市场评价贡献、按贡献决定报酬的机制。坚持使市场在资源配置中起决定性作用,更好发挥政府作用,加快完善社会主义市场经济体制,达到市场机制有效、微观主体有活力、宏观调控有度的经济体制改革目标。新时代的宏观经济治理,在把握新发展阶段与贯彻新发展理念过程中与时俱进,需要做到宏观政策稳健有效,微观政策持续激发市场主体活力,结构政策着力畅通国民经济循环,科技政策扎实落地,改革开放政策激活发展动力,区域政策增强发展的平衡性、协调性,社会政策兜住兜牢民生底线。

进入新发展阶段,我国发展内外环境发生深刻变化,面临许多新的重大问题,需要正确认识和把握。正确认识和把握实现共同富裕的战略目标和实践途径,在高质量发展中实现全体人民的共同富裕。天上不会掉馅饼,世界上也从来没有"免费的午餐",什么时候都不要想象可以敲锣打鼓、欢天喜地实现共同富裕,唯有奋斗和辛勤劳动,不断跨越新时代的"雪山草地"、"娄山关"和"腊子口",才能实现共同富裕。共同富裕的程度和经济社会发展的水平是水涨船高的关系,水浅行小舟,水深走大船。正确认识和把握资本的特性与行为规律,要为资本设置"红绿灯",发挥资本作为生产要素的积极作用,同时有效控制其消极作用。正确认识和把握初级产品供给保障，这是一个事关国家安全的重大战略性问题。农产品、能源、矿产等初级产品是整个经济中最为基础的部分，其供给保障能力强不强、水平高不高，直接决定着我国经济发展的成色、韧性和抗冲击能力。正确认识和把握防范化解重大风险，要继续按照稳定大局、统筹协调、分类施策、精准拆弹的方针，抓好风险处置工作，加强金融法治建设，压实地方、金融监管、行业主管等各方责任，压实企业自救主体责任。要强化能力建设，加强金融监管干部队伍建设。正确认识和把握碳达峰碳中和，明确生态文明建设在党和国家事业发展全局中的重要地位。实现"双碳"目标，不仅仅是降低二氧化碳排放的问题，更是经济结构转型和产业结构调整的问题。绿色低碳发展是经济社会全面转型的复杂工程和长期任务，能源结构、产业结构调整不可能一蹴而就，更不能脱离实际。

办好中国的事情，关键在党，关键在人。面对当前复杂严峻的国内外环境和全面建设社会主义现代化国家的繁重任务，需要大力培养选拔一大批具有驾驭社会主义市场经济能力的领导干部，不断增强干部推动高质量发展和建设现代化经济体系的本领，为实现高质量发展提供根本保证，确保党中央决策部署有效落实，做到令行禁止。要把党中央集中统一领导落实到统筹推进"五位一体"总体布局、协调推进"四个全面"战略布局各方面，坚持和完善党领导经济社会发展的体制机制。当今世界正经历百年未有之大变局，这样的大变局不是一时一事、一域一国之变，是世界之变、时代之变、历史之变。能否应对好这一大变局，关键要看我们是否有识变之智、应变之方、求变之勇，需要我们强化战略思维、保持战略定力，需要我们加强对中远期的战略谋划，牢牢掌握战略主动权。

高惺惟

目录

第一章　党领导经济工作的经验 …………………………… 001
　一、中国共产党为人民谋幸福的初心成为中国经济用之不竭的
　　　动力 ………………………………………………………… 001
　二、中国共产党确立了以经济建设为中心的基本路线 ………… 003
　三、经济工作始终坚持"生产力标准" ………………………… 004
　四、改革开放是创造中国经济奇迹的关键一招 ………………… 006
　五、以打赢脱贫攻坚战筑牢全体人民共同富裕的兜底工程 …… 010

第二章　新发展阶段对领导经济工作提出的新要求 ………… 021
　一、把握新发展阶段 ……………………………………………… 021
　二、贯彻新发展理念 ……………………………………………… 029
　三、构建新发展格局 ……………………………………………… 033
　四、统筹发展和安全 ……………………………………………… 046

第三章　深入学习习近平经济思想 …………………………… 050
　一、深刻认识习近平经济思想的重大意义 ……………………… 051
　二、深入学习领会习近平经济思想的重要原创性贡献 ………… 052

三、深入理解中国经济从高速增长到高质量发展的转变 ……… 053
四、深入领会供给侧结构性改革思想及其实践渊源 …………… 058

第四章　深入学习社会主义市场经济的基本原理 ………… 081
一、用好"党的领导"的"道"和"市场机制"的"术" …… 081
二、用好供给和需求"两支桨" ………………………………… 084
三、用好市场和政府"两只手" ………………………………… 087
四、做到社会主义与市场经济的融合 …………………………… 090
五、做到公有制与市场经济的兼容 ……………………………… 091
六、坚持经济与政治的辩证统一 ………………………………… 092

第五章　坚持和完善社会主义基本经济制度 ……………… 094
一、"两个毫不动摇"是"定海神针" ………………………… 094
二、按劳分配为主体、多种分配方式并存是"必然选择" …… 113
三、使市场在资源配置中起决定性作用，更好发挥政府作用 … 115
四、加快完善社会主义市场经济体制 …………………………… 119

第六章　提升领导干部宏观经济治理能力 ………………… 122
一、坚持"稳字当头、稳中求进"的总方针 …………………… 122
二、不断做强做优做大我国数字经济 …………………………… 126
三、深化金融供给侧结构性改革 ………………………………… 129
四、坚持"房住不炒"总基调 …………………………………… 135
五、有效防范地方政府债务风险 ………………………………… 144
六、全面提升防范资本扩张引发金融风险的能力 ……………… 151

第七章　提升领导干部正确认识和把握我国发展重大理论和实践问题的能力 ……………………………………………… 155
一、正确认识和把握实现共同富裕的战略目标和实践途径 …… 155

二、正确认识和把握资本的特性和行为规律 …………… 167
三、正确认识和把握初级产品供给保障 ………………… 170
四、正确认识和把握防范化解重大风险 ………………… 171
五、正确认识和把握碳达峰碳中和 ……………………… 183

第八章 培养选拔具有驾驭社会主义市场经济能力的领导干部 … 186
一、领导干部要坚定理想信念 …………………………… 186
二、领导干部要把"以人民为中心"落到实处 ………… 187
三、领导干部要树立正确的"政绩观" ………………… 188
四、领导干部要敢于斗争善于斗争 ……………………… 188
五、领导干部要加强经济学知识、科技知识学习 ……… 190
六、加强领导干部能力建设 ……………………………… 191

结 语 …………………………………………………………… 192

第一章

党领导经济工作的经验

历史是最好的教科书,中国共产党历来高度注重总结历史经验。党的十九届六中全会通过了《中共中央关于党的百年奋斗重大成就和历史经验的决议》,全面系统总结了一百年来我们党领导人民进行伟大奋斗的历史经验。这些历史经验包括了我们党领导经济建设的经验。这些经验值得我们认真总结和学习,它不仅能告诉我们中国为什么能够创造经济快速发展的奇迹,而且会告诉我们在全面建设社会主义现代化国家新征程上怎样才能创造出高质量发展的奇迹。我们要认真学习党史、新中国史,知史爱党,知史爱国。要了解我们党和国家事业的来龙去脉,汲取我们党和国家的历史经验,这对正确认识党情、国情十分必要,对开创未来也十分必要。

一、中国共产党为人民谋幸福的初心成为中国经济用之不竭的动力

中国共产党人的初心和使命,就是为中国人民谋幸福,为中华民族谋复兴。这个初心和使命是激励中国共产党人不断前进的根本动力,也是做好经济工作的根本动力。在革命战争年代,毛泽东同志指出:"我们对于广大群众的切身利益问题,群众的生活问题,就一点也不能疏忽,一点也不能看轻……解决群众的穿衣问题,吃饭问题,住房问题,

本领

柴米油盐问题，疾病卫生问题，婚姻问题。总之，一切群众的实际生活问题，都是我们应当注意的问题。假如我们对这些问题注意了，解决了，满足了群众的需要，我们就真正成了群众生活的组织者，群众就会真正围绕在我们的周围，热烈地拥护我们。"① 1954 年，周恩来同志在第一届全国人民代表大会第一次会议上所作的《政府工作报告》中就明确指出："社会主义经济的唯一目的，就在于满足人民的物质和文化的需要"，"如果我们不建设起强大的现代化的工业、现代化的农业、现代化的交通运输业和现代化的国防，我们就不能摆脱落后和贫困，我们的革命就不能达到目的"。② 邓小平同志指出："坚持社会主义，首先要摆脱贫穷落后状态，大大发展生产力，体现社会主义优于资本主义的特点。要做到这一点，就必须把我们整个工作的重点转到建设四个现代化上来，把建设四个现代化作为几十年的奋斗目标。"③ 从党的十一届三中全会开始，我们党就把四个现代化建设、努力发展社会生产力作为压倒一切的中心任务。党的十八大之后，习近平同志指出："我们的人民热爱生活，期盼有更好的教育、更稳定的工作、更满意的收入、更可靠的社会保障、更高水平的医疗卫生服务、更舒适的居住条件、更优美的环境，期盼孩子们能成长得更好、工作得更好、生活得更好。人民对美好生活的向往，就是我们的奋斗目标。"④

中国共产党对经济工作的领导是为了保障中国经济巨轮沿着正确的方向航行，这个方向就是让全体人民过上好日子的方向，坚决不能"跑偏"。习近平总书记强调："江山就是人民，人民就是江山，打江山、守江山，守的是人民的心。"⑤ 中国共产党就是给人民办事的，就是要让人民的生活一天天好起来，一年比一年过得好。中国共产党执政的唯一选择就是为人民群众做好事，为人民群众幸福生活拼搏、奉献、服务。

---

① 《毛泽东选集》（第一卷），人民出版社 1991 年版，第 136—137 页。
② 中共中央文献研究室编：《周恩来年谱（一九四九——一九七六 上卷）》，中央文献出版社 1997 年版，第 413 页。
③ 《邓小平文选》（第三卷），人民出版社 1993 年版，第 224 页。
④ 《习近平谈治国理政》（第一卷），外文出版社 2018 年版，第 4 页。
⑤ 《习近平谈治国理政》（第四卷），外文出版社 2022 年版，第 63 页。

面对突如其来的新冠疫情，我们党坚持把人民生命安全和身体健康放在第一位，全力以赴开展疫情防控工作，打响了疫情防控的人民战争、总体战、阻击战。同时，坚持稳字当头、稳中求进，高效统筹疫情防控和经济社会发展工作，统筹发展和安全，疫情防控取得积极成效，经济社会发展取得新成绩，最大程度保护了人民生命健康，也最大程度稳住了经济社会发展基本盘，按照党中央"疫情要防住、经济要稳住、发展要安全"的要求，毫不动摇坚持"动态清零"总方针，全力扩大国内需求、稳住市场主体，为经济发展积蓄基本力量，在高质量发展中赢得历史主动。

二、中国共产党确立了以经济建设为中心的基本路线

中国共产党很清楚，只有坚持以经济建设为中心，才会有丰厚的发展成果和人民生活的不断改善，才更有理由讲社会主义制度的优越性，否则，一切都是空谈。中国必须一心一意搞建设，大力发展生产力，逐步消灭贫穷，不断提高人民生活水平，才能够体现社会主义制度的优越性。党的十一届三中全会把工作重点转移到经济建设上来，是一个重要的转折。

改革开放以来，我们党坚持以经济建设为中心，中国经济发展取得巨大成就。国内生产总值（GDP）从1978年的5689.8亿元增长到2021年的114.4万亿元，成为世界第二大经济体、制造业第一大国、货物贸易第一大国，连续多年对世界经济贡献率超过30%。居民人均可支配收入由1978年的171元增长到2021年的3.5万元，中等收入群体持续扩大，基本养老保险覆盖超过10亿人，医疗保险覆盖超过13亿人。居民预期寿命由1978年的66岁提高到2020年的78岁。中国老百姓常说一句话："要想富，先修路。"中国基础设施建设成就显著，已经公路成网、铁路密布，造福了全体中国人民，让城际旅行发生了改变。北京到上海的距离超过1000千米，坐高铁只需要4个多小时就能到达，大大增强了人民群众的获得感和幸福感。

2013年8月19日，在全国宣传思想工作会议上，习近平总书记指出："从根本上说，没有扎扎实实的发展成果，没有人民生活不断改善，空谈理想信念，空谈党的领导，空谈社会主义制度优越性，空谈思想道德建设，最终意识形态工作也难以取得好的成效。只要国内外大势没有发生根本变化，坚持以经济建设为中心就不能也不应该改变。"① 今天，站在世界第二大经济体、制造业第一大国、货物贸易第一大国的成就上，站在全面打赢脱贫攻坚战、在一个14亿多人口大国全面建成小康社会的成就上，我们才能更好地讲社会主义制度的优越性。经济建设为中心是兴国之要，这是坚持党的基本路线一百年不动摇的根本要求，也是解决当代中国一切问题的根本要求。发展是基础，经济不发展，一切都无从谈起。改革开放以来，我们靠聚精会神搞建设、一心一意谋发展，取得了骄人的成就。在全面建设社会主义现代化国家的新征程上，仍然要把发展作为第一要务，努力使发展达到一个新水平，发展是硬道理的战略思想要坚定不移。只有推动经济持续健康发展，才能筑牢国家繁荣富强、人民幸福安康、社会和谐稳定的物质基础。

三、经济工作始终坚持"生产力标准"

历史唯物主义的一个基本原理，就是认为生产力发展是社会发展的最终决定力量，正是生产力的发展，才引起了生产关系以及其他一切关系的变革。这个原理适用于一切社会形态，社会主义社会也不例外。马克思和恩格斯指出：生产力的这种发展，"之所以是绝对必需的实际前提，还因为如果没有这种发展，那就只会有贫穷、极端贫困的普遍化；而在极端贫困的情况下，必须重新开始争取必需品的斗争，全部陈腐污浊的东西又要死灰复燃"②。毛泽东同志指出："社会主义革命的目的是

---

① 中共中央文献研究室编：《习近平关于社会主义经济建设论述摘编》，中央文献出版社2017年版，第5页。
② 《马克思恩格斯选集》（第一卷），人民出版社2012年版，第166页。

为了解放生产力。"① 邓小平同志指出："讲社会主义，首先就要使生产力发展，这是主要的。只有这样，才能表明社会主义的优越性。社会主义经济政策对不对，归根到底要看生产力是否发展，人民收入是否增加。这是压倒一切的标准。空讲社会主义不行，人民不相信。"② 邓小平同志还指出："社会主义时期的主要任务是发展生产力，使社会物质财富不断增长，人民生活一天天好起来，为进入共产主义创造物质条件。不能有穷的共产主义，同样也不能有穷的社会主义。"③ 江泽民同志指出："我们党要始终代表中国先进生产力的发展要求，就是党的理论、路线、纲领、方针、政策和各项工作，必须努力符合生产力发展的规律，体现不断推动社会生产力的解放和发展的要求，尤其要体现推动先进生产力发展的要求，通过发展生产力不断提高人民群众的生活水平。"④ 胡锦涛同志指出："生产力是人类社会发展的根本动力。我们党是以中国先进生产力的代表登上历史舞台的。党的一切奋斗，归根到底都是为了解放和发展社会生产力，不断改善人民生活。"⑤ 习近平同志指出："我们要坚持以经济建设为中心、以科学发展为主题、以造福人民为根本目的，不断解放和发展社会生产力，全面推进经济建设、政治建设、文化建设、社会建设、生态文明建设，不断开拓生产发展、生活富裕、生态良好的文明发展道路，为实现全体人民共同富裕而不懈努力。"⑥

讲社会主义制度的优越性，首先就要使生产力发展，归根结底体现在生产力发展水平要比资本主义更高一些，发展速度要比资本主义更快一些。社会主义国家应该使经济发展得比较快，人民生活逐渐好起来，国家更强盛一些。社会主义国家就是要想方设法发展生产力，只有在发

---

① 《毛泽东文集》（第七卷），人民出版社1999年版，第1页。
② 《邓小平文选》（第二卷），人民出版社1994年版，第314页。
③ 《邓小平文选》（第三卷），人民出版社1993年版，第171—172页。
④ 《江泽民文选》（第三卷），人民出版社2006年版，第272—273页。
⑤ 《胡锦涛文选》（第三卷），人民出版社2016年版，第536页。
⑥ 中共中央文献研究室编：《习近平关于社会主义经济建设论述摘编》，中央文献出版社2017年版，第7页。

展生产力的基础上才能逐步增加人民的收入。

从第一个五年计划到第十四个五年规划，一以贯之的主题是把我国建设成为社会主义现代化国家。我们走过弯路，也遭遇过一些意想不到的困难和挫折，但建设社会主义现代化国家的意志和决心始终没有动摇。"十三五"时期是全面建成小康社会决胜阶段，取得了决定性成就，我国经济实力、科技实力、综合国力跃上了新的大台阶。"十三五"时期累计有5575万农村贫困人口实现脱贫，2020年底历史性地解决了绝对贫困问题，人民生活水平显著提高。如期全面建成小康社会、打赢脱贫攻坚战，都彰显了社会生产力的不断进步，为全面建设社会主义现代化国家打下了坚实的基础。

四、改革开放是创造中国经济奇迹的关键一招

1977年11月，时任安徽省委书记万里来到一家农户家里，看到阴暗的房间中放着一堆草，草堆中坐着一个老人和两个姑娘。万里伸出手想和这位老人握手，但老人麻木地看着他，没有站起来。陪同的地方干部告诉老人，新上任的省委书记来看他，老人这才弯着腰颤抖地缓缓站起。这时万里惊呆了，原来老人竟光着下身，没穿裤子。万里又跟旁边的两个姑娘打招呼，姑娘们只是羞涩好奇地看着他，一动不动。村里人插话说："她们也没有裤子穿，天太冷，只能躲在草堆里暖和些。"万里听到后沉痛地说："新中国成立这么多年，老百姓竟一贫如洗，连裤子都穿不上，我们问心有愧呀！"

在改革开放之前，这不是个别现象，是普遍现象。青年习近平在20世纪60年代末到陕北的农村当知青，生活非常艰苦，真是"三月不知肉味"。有一年冬天，家里寄来几元钱。他和同窑洞居住的同学买了几斤冷冻的猪肉，回来等不及做熟，几名知青就把肉切成片吃了。他后来回忆说："那味道真是鲜美！"[1] 试想，得饿到什么地步才能吃出生猪

---

[1] 参见《梁家河》，陕西人民出版社2018年版。

第一章 党领导经济工作的经验

肉的鲜美啊！1973年，周恩来总理回到阔别了20多年的延安，当他看到延安的老百姓生活还那么贫穷，根本吃不饱肚子，他流泪了。是啊，在我党最困难的时候，延安人民用小米养活了革命，作出了巨大的牺牲！让延安人民和所有中国的老百姓摆脱贫困，是历届中国共产党人的奋斗目标。新中国成立后的一段时期内，由于没有经验，尽管中国共产党带领人民努力奋斗，但是对"什么是社会主义，怎样建设社会主义"并没有搞清楚，没有找到一条成功实现中国现代化的有效道路。这一时期内中国共产党走了一些弯路，但最终找到了改革开放这条光明大道。

1978年12月18日，一个载入中华民族史册的重要日子。中国共产党召开十一届三中全会，开启了改革开放的伟大征程。全会重新确立了实事求是的思想路线，把党和国家的工作中心转移到经济建设上来。改革首先从农村开始，实行家庭联产承包责任制，给农民自主权，这样一下子就把农民的积极性调动起来了，2亿农民自行摆脱贫困。给农民自主权相当于给了农民一把致富的梯子，农民的收入顺着梯子就爬上去了。在这个过程中，还有一个意外之喜，就是乡镇企业发展起来了，解决了占农村剩余劳动力50%的人的就业问题。在农村改革见到成效之后，城市经济体制改革也向前推动。一方面，通过政企分开、放权让利扩大企业自主权，打破"大锅饭"，支持国有企业建立现代企业制度。另一方面，鼓励个体经济发展。过去，中国不允许个体户雇工经营，错误地认为雇工经营会偏离社会主义道路。安徽省芜湖市的一家个体户年广久，雇工经营，制作和销售瓜子，称为"傻子瓜子"，得以致富，引起不少争议。该问题的调查报告送到邓小平那里，他讲道："我的意见是放两年再看。那个能影响到我们的大局吗？如果你一动，群众就说政策变了，人心就不安了。你解决了一个'傻子瓜子'，会牵动人心不安，没有益处。让'傻子瓜子'经营一段，怕什么？伤害了社会主义吗？"[1]邓小平后来又讲道："农村改革初期，安徽出了个'傻子瓜子'问题。当时许多人不舒服，说他赚了一百万，主张动他。我说不能动，一动人

---

[1] 《邓小平文选》(第三卷)，人民出版社1993年版，第91页。

们就会说政策变了，得不偿失。像这一类的问题还有不少，如果处理不当，就很容易动摇我们的方针，影响改革的全局。"① 之后，我国逐步形成了以公有制为主体，个体经济、私营经济、外资经济等多种经济成分共同发展的局面。2001年，在历经15年的艰苦谈判之后，中国加入世界贸易组织（WTO），既分享经济全球化成果，又为世界经济繁荣作出了积极贡献。党的十八大以来，以供给侧结构性改革为主线推动经济高质量发展，坚定不移扩大对外开放。

改革开放以来，为了摆脱贫困，我们一任接着一任干。特别是党的十八大以来，中国扶贫行动再次起航，踏上艰难的新征程，啃下了难啃的硬骨头，使接近1亿贫困线以下的人口彻底摆脱了贫困。截至2020年底，中国成功地消除了绝对贫困。中国减贫人口占同期全球减贫人口70%以上，为全球减贫事业贡献了中国力量。今天，中国已经全面建成了小康社会，老百姓的日子越来越好。

20世纪70年代，深圳老百姓逃往香港的现象非常普遍。为什么要逃到香港？原因很简单，深圳和香港贫富悬殊，对比非常强烈。邓小平和当时的广东省领导人习仲勋都清楚，这种现象的主要原因是我们的政策有问题，只要政策对头，把经济搞上去，偷渡问题就解决了。1980年8月，深圳经济特区诞生后，逃港现象突然间就消失了。没过多久，很多逃到香港的人又回来了。因为人们从经济特区看到了希望。40年砥砺奋进，深圳从一个边陲渔村到如今拥有无数高楼大厦的国际大都市；GDP从1980年的2.7亿元增长到2019年的2.7万亿元，年均增长20.7%，华为、大疆、腾讯等知名企业均坐落于此。英国《经济学人》杂志对深圳有这样一个评价："全世界有超过4000个经济特区，头号成功典范莫过于'深圳奇迹'。""三天一层楼"的深圳速度代表着改革开放后的中国速度。中国经济增长创造了"二战"后全球最长的高增长纪录。

中国共产党主动打开国门，笑迎八方来客。中国的对外开放，给中

---

① 《邓小平文选》（第三卷），人民出版社1993年版，第371页。

国和世界都带来了机遇。通过打开国门,"中国制造"走向世界,全球的投资来到中国,中国的老百姓也享受到了全世界的优质产品。中国有全球最大的市场,任何一位商人都不愿放弃这块"大蛋糕"。菲律宾的香蕉、泰国的大米已经成为中国老百姓餐桌上的家常便饭,国外快餐品牌在中国的投资获得了丰厚的回报,也为更多中国人提供了就业机会。德系汽车不断增加在中国的投资,中国市场成为很多知名跨国公司业绩增长的"主引擎"。中国向全世界输出最多的游客,在巴黎、纽约和罗马的奢侈品店里,如果售货员会说中文,产品的销量会大幅增加。中国提出的共建"一带一路"倡议,就是要同各方一道打造国际合作新平台,为世界共同发展增添新动力。"一带一路"倡议为中国这只大鹏插上了两只翅膀,也为沿线国家带来了机遇。通过"一带一路",东部非洲有了第一条高速公路,马尔代夫有了第一座跨海大桥,白俄罗斯第一次有了自己的轿车产业,哈萨克斯坦第一次有了自己的出海通道,东南亚一些国家将会有自己的高速铁路,肯尼亚有了蒙内铁路,中欧班列成为亚欧大陆上最长的合作纽带。

改革开放是一场深刻革命,是我们党的历史上的一次伟大觉醒,是决定当代中国命运的关键一招,也是解放和发展生产力的关键一招。党的十八大向全党发出了深化改革开放新的宣言书、新的动员令。党的十八大之后,习近平总书记首次外出考察就来到了广东——这个改革开放中得风气之先的地方,并瞻仰了邓小平铜像,就是要表明我们将坚定不移地推进改革开放。从历史上看,从来就没有"毕其功于一役"的改革,改革是一项不中断的事业。党的十一届三中全会是划时代的,党的十八届三中全会同样是划时代的。当年碰到的问题是靠改革来解决的,今后碰到了问题,还得靠改革。不同的是,发展到今天,容易的、皆大欢喜的改革已经完成了,一些深层次体制机制问题和利益固化藩篱日益显现,改革进入攻坚期和深水区。新形势需要新担当、呼唤新作为,党的十八届三中全会提出要全面深化改革。全面,就是要统筹推进各领域改革,包括经济、政治、文化、社会、生态文明和党的建设等,要做到整体谋划。因为各领域的改革紧密联系、相互交融,任何一个领域的改革都会牵动其他领域，同时也需要其他领域的改革密切配合。

五、以打赢脱贫攻坚战筑牢全体人民共同富裕的兜底工程

习近平总书记在全国脱贫攻坚总结表彰大会上的讲话中鲜明指出："事实充分证明，精准扶贫是打赢脱贫攻坚战的制胜法宝，开发式扶贫方针是中国特色减贫道路的鲜明特征。"[①] 新中国成立以来，我们一直把反贫困作为建设小康社会、实现共同富裕的"兜底工程"。改革开放以来，我国先后实施《国家八七扶贫攻坚计划（1994—2000年）》《中国农村扶贫开发纲要（2001—2010年）》《中国农村扶贫开发纲要（2011—2020年）》，贫困人口大幅减少。党的十八大以来，国家实施精准扶贫、精准脱贫战略，脱贫攻坚取得决定性成就。2020年，脱贫攻坚任务顺利完成，提前10年实现联合国2030年可持续发展议程的减贫目标。2021年7月1日，习近平总书记在庆祝中国共产党成立100周年大会上向世界庄严宣布"中国已经全面建成小康社会"，从此历史性地解决了绝对贫困问题，进而为实现全体人民共同富裕奠定了"兜底基础"。世界上没有哪一个国家能在这么短的时间内帮助这么多人脱贫，这对中国和世界都具有重大意义。我国扶贫开发取得的成就，为全球减贫事业作出了重大贡献，足以载入人类社会发展的史册。

（一）开发式扶贫方针是中国特色减贫道路的鲜明特征

改革开放以来，特别是20世纪80年代中期开展有组织、有计划、大规模的扶贫开发工作以来，全国农村的贫困问题明显缓解，贫困人口大幅下降。《国家八七扶贫攻坚计划（1994—2000年）》实施后，扶贫攻坚力度加大，贫困地区的生产生活条件得到极大改善，贫困人口进一步减少。西部大开发战略的实施有力拉动了西部地区的经济增长，提高了农民的收入水平。21世纪初期制定的《中国农村扶贫开发纲要

[①] 习近平：《在全国脱贫攻坚总结表彰大会上的讲话》，人民出版社2021年版，第16页。

(2001—2010年)》，进一步聚焦重点地区的扶贫开发，为达到小康水平创造了良好的条件。

一方面，开展大规模有针对性的开发式扶贫。在20世纪80年代中期，农村地区特别是老少边穷地区的经济、社会和文化发展水平开始较明显落后于沿海发达地区。因此，这一时期，这些地区的发展成为"需要特殊对待的政策问题"。鉴于此，1986年，国务院扶贫和开发领导小组正式成立，致力于协调大型的农村扶贫计划。与此同时，大部分贫困省、市、县也相应成立扶贫领导小组，进而全力推进农村扶贫。自此，我国农村扶贫开始转入有计划、有组织的大规模开发式扶贫——确定开发式扶贫方针、成立专门扶贫机构、制定专门优惠政策、安排专项扶贫资金、核定贫困县、目标瞄准特定地区和人群等。我国的扶贫工作也由此跨入新阶段。这一时期反贫困开发政策可以概括为以下几个方面：第一，坚持开发式反贫困工作方针，即在国家必要支持下，充分利用贫困地区自然资源，进行开发性生产建设，逐步形成我国贫困地区、贫困户的自我积累和发展能力，最终依靠自身力量解决温饱、脱贫致富。第二，以县为单位确立国家反贫困重点，形成按区域实施反贫困计划的基础。第三，增加扶贫资金、物资投入，扶持能够为贫困农户提供参与经济发展机会的生产开发项目。这一时期确定的开发式反贫困以区域开发作为切入点，从而带动扶贫工作的推进。

另一方面，实施《国家八七扶贫攻坚计划（1994—2000年）》。随着农村改革的深入和国家扶贫开发力度的不断加大，我国农村贫困人口数量在逐年减少。但是，由于贫困问题的长期性和复杂性，新的贫困特征也随之出现，主要表现为贫困发生率明显倾斜于中西部地区（深山区、石山区、荒漠区、高寒山区、黄土高原区、水库库区等），这些地区多位于革命老区或少数民族聚居区，自然条件恶劣、基础设施薄弱和社会发育落后等致使扶贫工作难度更大。为实现共同富裕，1994年4月国务院实施《国家八七扶贫攻坚计划（1994—2000年）》（以下简称《计划》），把其作为未来7年扶贫开发工作的纲领。《计划》提出的扶贫攻坚的奋斗目标：一是把解决贫困人口温饱问题作为首要任务。千头万绪，温饱第一。毛主席在《湘江评论》创刊词中讲道：世界什么问题最大？吃饭问题最大。① 彻底解决贫困问题需要长期努力，但最为迫切的就是满足贫困群众对温饱的需求。《计划》要求到 20 世纪末，使全国绝大多数贫困户年人均纯收入按 1990 年不变价格计算达到 500 元以上，扶持贫困户创造稳定解决温饱问题的基础条件，减少返贫人口。二是加强基础设施建设。基本解决人畜饮水困难，绝大多数贫困乡镇和有集贸市场、商品产地的地方通公路，消灭无电县，绝大多数贫困乡用上电。三是改变教育文化卫生的落后状况。基本普及初等教育，积极扫除青壮年文盲。开展成人职业技术教育和技术培训，使大多数青壮年劳力掌握一到两门实用技术。《计划》实施后，国家继续坚持开发式扶贫的方针，重点发展投资少、见效快、覆盖广、效益高、有助于直接解决群众温饱问题的种植业、养殖业和相关加工业等。有计划有组织地发展劳务输出，积极引导贫困地区劳动力合理、有序转移。同时，增加扶贫投入。从 1994 年起，再增加 10 亿元以工代赈资金、10 亿元扶贫贴息贷款。从 1997 年起，每年增加 15 亿元用于贫困地区农田基本建设、修建乡村公路、解决人畜饮水问题等方面。在集中连片的重点贫困地区安排大型开发项目。优先向贫困地区安排了一批水利、交通等基础设施项目和资源开发项目，带动当地农户就业，脱贫致富。

（二）精准扶贫是打赢脱贫攻坚战的制胜法宝

党的十八大以来，我国开始实施精准扶贫方略，目的是要提高扶贫效率，增强扶贫工作的"精准性"。习近平指出："扶贫开发推进到今天这样的程度，贵在精准，重在精准，成败之举在于精准。"② 这就要求扶贫工作要拿出"绣花"的功夫，做到对症下药、精准滴灌、靶向治疗，不能再搞大水漫灌、走马观花、"手榴弹炸跳蚤"。具体来看，就是

---

① 中共中央党史和文献研究院、中央档案馆编：《中国共产党重要文献汇编》（第一卷），人民出版社 2022 年版，第 124 页。
② 中共中央党史和文献研究院编：《习近平扶贫论述摘编》，中央文献出版社 2018 年版，第 58 页。

注重抓六个精准：扶贫对象精准、项目安排精准、资金使用精准、措施到户精准、因村派人精准、脱贫成效精准。做到上述六个精准，需要解决好以下四个方面的问题：一是解决好"扶持谁"的问题。精准识别贫困人口是精准施策的前提，只有知道谁是贫困户、贫困人口，才能有针对性地采取扶贫对策。因此，各地花了大量时间和精力进行建档立卡，就是要弄清楚精准扶贫的对象是谁。二是解决好"谁来扶"的问题。党中央、国务院主要负责统筹制定脱贫攻坚的大政方针，出台重大政策举措。地方上"五级书记一起抓，层层签订军令状"，尤其是县级党委和政府承担主体责任，县委书记和县长是第一责任人。三是解决好"怎么扶"的问题。针对不同致贫原因导致的贫困，开出不同的"药方"，实施"五个一批"工程。四是解决好"如何退"的问题。建立了第三方评估机制，杜绝了"数字脱贫"，增强了脱贫工作绩效的可信度。

1. 发展生产脱贫一批

习近平指出："扶贫不是慈善救济，而是要引导和支持所有有劳动能力的人，依靠自己的双手开创美好明天。"[①] 对于有劳动能力、有耕地等资源但缺资金、缺产业、缺技能的贫困人口，要立足当地资源，宜农则农、宜林则林、宜牧则牧、宜商则商、宜游则游，扶持发展特色产业，通过发展生产脱贫一批。产业扶贫的实质，就是坚持开发式扶贫方针，引导和激励贫困地区干部群众发扬自力更生、艰苦奋斗的精神，合理开发利用当地资源，积极培育特色优势产业，着力增强贫困地区自我积累、自我发展能力，走出一条依靠自己力量增产增收、脱贫致富的路子。产业扶贫通过确立主导产业，建立生产基地，提供优惠政策，扶持龙头企业，实现农户和企业双赢，从而达到带动贫困农户脱贫致富的目标。产业扶贫的内在要求有两个：一是发展壮大贫困地区有特色、有市场竞争力、可持续发展的主导产业，推动贫困地区经济发展；二是将贫困人口连接到产业链上，使他们参与主导产业发展，并从中受益，进而

---

① 中共中央文献研究室编：《习近平关于社会主义经济建设论述摘编》，中央文献出版社2017年版，第218页。

达到脱贫致富的目的。产业的发展是脱贫的引擎，没有了可持续的特色产业发展，贫困人口就不能真正脱贫。扶贫和产业开发一定要结合起来，才能真正使贫困户脱贫。我国扶贫很重要的特点就是强调以开发式扶贫为主，社会保障作为补充。开发式扶贫，就是创造条件让贫困户增强能力，自己创收，从而改善自己的生活水平。产业扶贫是开发式扶贫中关键的一招。在实施特色产业扶贫的过程中，各地始终坚持"靠山吃山唱山歌，靠海吃海念海经"的原则，重点支持贫困村发展种植养殖业和传统手工业，大力推进"一村一品""一乡一业"，取得了较好的效果。

2. 易地搬迁脱贫一批

深山老林是旧社会老百姓不得已生活的地方。今天还居住在缺乏基本生存条件的深山区、水库库区和地质灾害频发区的贫困人口，很难实现生活富裕，而且扶贫成本高：一是基础设施建设成本高。通水、通路、通电等村村通工程成本过高，质量偏低，收益较小。二是普及教育的成本高。村村建学校成本高、学生数量少，难以引进优质教师资源，教学质量低。三是医疗成本高。分散居住给老百姓看病带来诸多不便，只能依靠专业技能相对较低的乡村医生。四是把人留在当地的成本高。在深山老林居住，吃穿住行均不方便，而且成本很高，年轻人都想走出大山，不愿回来。五是社会治理和社会管理的成本高。分散居住不利于实现网格化管理，也不利于在紧急情况下采取应急措施。六是生态治理的成本高。分散居住，将本来不适合耕种的土地开垦为耕地，破坏了生态环境。七是引进产业的成本高。只有人口聚集的地方才能增强对产业的吸引力。因此，对于"一方水土养不了一方人"的贫困地区，要按照"政府引导，村民自愿"的原则，采取一定的扶持激励政策帮助其搬迁到社会经济条件较好的地方进行生产和生活，从根本上解决问题，达到逐步脱贫致富的目的。随着新型城镇化的推进，大量农村转移人口逐步融入城市或城镇生活，享受更好的基本公共服务，使产业集聚与人口集聚同步实现。在引导农民向城镇聚集过程中，还能降低扶贫成本，实现扶贫效益的最大化。因此，把扶贫攻坚和新型城镇化两项工作结合起来，能够达到以新型城镇化带动精准扶贫、以精准扶贫促进新型城镇化的目标。

3. 生态补偿脱贫一批

生态补偿脱贫以恢复生态、保护环境和发展经济为目的，是绿色发展理念在扶贫开发领域的一种体现，也是实现精准脱贫的重要途径。之所以进行生态补偿脱贫，是因为我国生态破坏严重，表现在水土流失、土地荒漠化、草场退化、森林资源危机、水资源短缺等方面。我国是世界上水土流失最严重的国家之一。水土流失涉及全国近千个县，主要分布在黄土高原、江南山地丘陵和北方土石山区。水土流失致使土层变薄，土壤肥力衰减，土地贫瘠，甚至完全石化或沙化，寸草难生。我国也是全球土地荒漠化严重的国家之一。荒漠化地区生态环境脆弱、耕地萎缩，数亿人的生产生活因此受到影响，全国大多数的贫困县都集中在这些地区。我国还是世界上人均森林面积最少的国家之一。长期以来，把林业当作一般的生产行业对待，对森林的生态效益和社会效益重视不够，大量采伐使本来就少的森林越来越少。此外，中国水资源贫乏，按照国际公认的标准，我国总体上已属于中度缺水国家，并且时空分布极不均衡。

对于生存条件差，但生态系统重要、需要保护修复的地区，我国结合生态环境保护和治理，探索出一条生态脱贫的新路子。加大了对贫困地区生态环境的修复力度和退耕还林还草力度，将贫困地区25度以上坡耕地纳入退耕还林还草范围，增加重点生态功能区转移支付。有些地区建立国家公园体制，让有劳动能力的贫困人口就地转成护林员。甘肃定西生态环境相当脆弱，是甘肃生态型贫困的典型区域。定西积极利用靠近兰州经济圈和丝绸之路核心带的地理优势，引入区域外生态型扶贫资源，让"千年药乡"的生态名片，推动地区生态与经济良性循环，真正实现因地制宜精准脱贫和绿色发展。

4. 发展教育脱贫一批

我国不少地区贫困的原因并非自然条件恶劣，而是当地群众思想观念落后。有的人好逸恶劳，好吃懒做；有的人满足现状，温饱即安；有的人没有财富积累观念，挣多少钱就花多少钱；有的人"等、靠、要"思想严重，守着"金饭碗"要饭吃，总指望国家和社会的救济和扶持；等等。正是这些落后的思想观念使一些地区"年年扶、年年贫"，有的甚至越扶越贫，直接影响了扶贫工作的成效。穷而不思进取、穷且志短，比物质的贫困更可怕。因此，扶贫要先扶志，要从思想上、精神上帮扶，帮困难群众树立摆脱困境的信心和斗志。

教育可以提高劳动者的素质，改变落后的思想观念，提高劳动生产率，为区域经济社会发展提供人才和智力支撑，切断贫困的恶性循环链。教育扶贫被认为是最有效、最直接的精准扶贫。教育扶贫不仅是国家扶贫开发战略的重要任务，也是实现教育公平和社会公正的重要方面。知识改变命运，文化改变生活，知识改变生存的质量，文化改变生存的品质。贫穷缺什么？表面上缺资金，实际上缺教育。能够用最低成本改变贫穷面貌的就是教育。解决好这些"非物质"问题，才能真正拔掉穷根，阻止贫困代际传递。扶贫须先做好扶志和扶智工作，这就需要地方政府在开展扶贫工作时把教育当作重要任务、重要突破口。扶志和扶智是着眼于未来的扶贫。为贫困地区的孩子们创造更好的条件，让他们有机会接受更好的教育，见更广的世面，有更现代化的思维，他们以后就可能成为改变家庭面貌、地区面貌的核心力量。以改变下一代"思想贫困"状态为重点，将更多的资金用于教育扶贫，相比之下见效虽慢，却是彻底拔穷根之策。精准扶贫是一个攻坚拔寨、啃硬骨头的阶段，残疾人的脱贫更是这些硬骨头中最硬的一块。要使残疾人真正实现脱贫致富，最重要的是提高他们的文化素质，为他们创业和就业创造机会，变"输血"为"造血"，让残疾人能够自食其力。

5. 社会保障兜底脱贫一批

到 2020 年，贫困人口中没有劳动能力的有 2000 多万人，这部分贫困人口需要由社会保障来兜底[①]。一是完善了农村最低生活保障制度。

---

① 中共中央文献研究室编：《十八大以来重要文献选编（中）》，中央文献出版社 2016 年版，第 780 页。

对无法依靠产业扶贫和就业帮助脱贫的家庭实行政策性保障兜底，做到了农村扶贫标准和农村低保标准的有效衔接，将所有符合条件的贫困家庭纳入低保范围。二是实施了健康扶贫工程。保障贫困人口享有基本医疗卫生服务，贫困人口参加新型农村合作医疗个人缴费部分由财政给予补贴，降低贫困人口大病费用实际支出，将贫困人口全部纳入重特大疾病救助范围，努力防止因病致贫、因病返贫。三是完善了城乡居民基本养老保险制度，适时提高了基础养老金标准。引导农村贫困人口积极参保续保，逐步提高了保障水平。

（三）建立反贫困长效机制是实现全体人民共同富裕的"兜底工程"

2020年，我国历史性解决了绝对贫困问题，但脱贫攻坚的成果巩固和实现可持续减贫将在很大程度上取决于两个重要因素，一是脱贫人口不返贫，二是不出现新的生存性贫困。无论是防止返贫，还是阻断相对贫困向绝对贫困转化，防止新贫困出现，在很大程度上都要求一个有效的"防贫减贫"长效机制。因此，2020年9月，习近平总书记再次到湖南考察扶贫工作时要求建立健全防止返贫长效机制。这就要推动减贫战略和工作体系平稳转型，统筹纳入乡村振兴战略，建立长短结合、标本兼治的体制机制，持续推进全面脱贫与乡村振兴有效衔接，加快形成反贫困长效机制。

1. 建立产业扶贫长效机制

推进乡村振兴，产业发展是核心。培育新兴产业、发展特色产业、壮大优势产业既是决战脱贫攻坚、巩固脱贫成果的重要途径，也是实现乡村振兴的长久之策。一方面，要立足国家区域协调发展总体战略，深化东西部扶贫协作、区域合作，推进东部产业向西部梯度转移，实现产业互补、人员互动、技术互学、观念互通、作风互鉴，共同发展，通过培育若干带动区域协调发展的主导性产业，优化升级受援地产业结构，不断提高扶贫产业带贫益贫能力。另一方面，要根据不同贫困地区发展条件和资源禀赋差异，从政策扶持、资金支持、人才支撑、机制平台建设等方面着力，因地制宜发展壮大特质林果、种植养殖、农产品加工、乡村旅游、民族手工等特色产业，把资源优势转化为发展优势，实施品牌战略，促进贫困地区多元产业发展。特别要延伸产业链条，提高贫困户抗风险能力。以现代化的生产组织、农户参与、市场销售方式，建立完善"龙头企业＋合作社＋贫困户"等产业经营模式，实现扶贫产业集约化、专业化发展，促进"小生产"与"大市场"、"农户"与"客户"的有效对接，带动农村低收入群体在农业产业化发展中脱贫致富。

2. 完善贫困户持续增收机制

推动脱贫攻坚与乡村振兴有效衔接，拓宽贫困群众就业渠道，确保其实现持续增收是关键。要持续加大就业扶贫力度，发挥贫困地区资源比较优势，通过创设公益性岗位等举措，加强扶贫协作"点对点"连接等方式，优先支持贫困劳动力务工就业，实现就业脱贫。要完善利益联结机制，加强政策引导，将产业扶持与扶贫挂钩，鼓励扶贫龙头企业、农民合作社、家庭农场等新型农业经营主体，采取订单生产、股份合作等模式，让农民分享产业项目收益。同时以多种方式推动"资源变资产、资金变股金、农民变股东"，多渠道增加贫困户收入。

3. 健全农村社会保障兜底机制

防贫的核心在于为脱贫者和处于相对贫困中的边缘人群建立一种兜底保障机制。一旦这些人遭遇某种突发风险，这种兜底保障机制使其不至于失去生存的机会和能力。鉴于风险具有不确定性，所以防贫机制一定要像防范经济风险一样，有监测预警机制。当然，发现和识别潜在返贫风险和致贫风险本身并不是目的，关键是要有化解这些风险的保障机制。所以提高保障标准，扩大社保范围，做好农村贫困人口的兜底保障工作，是巩固脱贫成果、防止返贫的底线制度安排。以基本生活救助、专项社会救助、急难社会救助为主体，社会力量参与为补充，建立健全分层分类的救助制度体系，织密筑牢民生兜底保障网。建立完善防止返贫监测预警机制，对脱贫不稳定户、边缘易致贫户以及因疫情或其他原因收入骤减或支出骤增户加强监测，及时给予帮扶，确保已脱贫人口不返贫。推进农村低保制度与扶贫开发政策衔接，通过加强政策衔接、对象衔接、标准衔接、管理衔接，做到应扶尽扶、应保尽保。

4. 完善社会协同扶贫机制

农村相对贫困的治理是一项长期的系统工程，需要全社会共同参与。要充分发挥政府和社会力量作用，推动专项扶贫、行业扶贫、社会扶贫协同联动，调动各方面积极性，形成全社会广泛参与的大扶贫格局。作为长效机制，要广泛动员政府、社会、企业、个人各方面力量，强化保险保障功能，整合扶贫产业、就业培训、创业支持、医疗救助、政策平台、教育资助、应急救助、住房保障、低保保障等政策类资源，充分发挥项目众筹、个体众筹、社会团体、公司企业、慈善基金等公益类支持的作用。要健全东西部扶贫协作和对口支援"常态化"机制，增强东西协作和对口支援的"预期"和动力，促进东部地区各类要素更多向西部贫困地区流动，汇聚资金、人才、技术、项目等优势，为乡村振兴注入新动能，形成更可持续的区域协调发展新格局。在发挥政府投入主体和主导作用的同时，鼓励支持更多企业到中西部贫困地区投资兴业，引导社会资本投向农业生产和加工领域，引导社会资本更多更快更好参与乡村振兴。充分发挥社会组织技术、资源等方面优势，大力支持非公企业、返乡创业者参与乡村产业发展，在培育优质农产品品牌、提升农村公共服务、促进农村经济增长、增加农民收入等方面为乡村振兴作贡献。

5. 优化脱贫致富内生动力机制

习近平总书记指出："坚持调动广大贫困群众积极性、主动性、创造性，激发脱贫内生动力。'志之难也，不在胜人，在自胜。'脱贫必须摆脱思想意识上的贫困。我们注重把人民群众对美好生活的向往转化成脱贫攻坚的强大动能，实行扶贫和扶志扶智相结合，既富口袋也富脑袋，引导贫困群众依靠勤劳双手和顽强意志摆脱贫困、改变命运。"[1]贫困群众既是脱贫攻坚的对象，更是脱贫致富的主体。要坚持扶贫同扶志、扶智、扶技相结合，激发贫困群众积极性和主动性，增强脱贫致富

---

[1] 习近平：《在全国脱贫攻坚总结表彰大会上的讲话》，人民出版社2021年版，第17页。

的内生动力。在这一过程中，既要加强教育引导、典型示范，通过常态化宣讲和物质奖励、精神鼓励等形式，引导贫困群众树立脱贫致富主体意识，增强战胜贫困的决心和信心，还要采取以工代赈、生产奖补、劳务补助等方式，组织动员贫困群众积极参与帮扶项目实施，摆正外部帮扶和自身努力关系，激发他们依靠自己的辛勤劳动，改变贫穷落后面貌，创造美好幸福生活。要把教育作为阻断贫困代际传递的重要途径，从政策、资金、师资等方面加大对贫困地区义务教育的支持，确保贫困家庭子女能够接受系统教育。特别要加快发展中高等职业教育，组织实施农村实用技术、务工技能等培训，提高就业人口技术技能，提升其发展生产、务工经商的能力，推动扶贫逐步从外在帮扶向培育激发内生动力转变。

第二章

新发展阶段对领导经济工作提出的新要求

经过中国共产党几代人接续奋斗，我们已经全面建成小康社会、完成脱贫攻坚任务、实现第一个百年奋斗目标，从 2021 年起开始向第二个百年奋斗目标进军。进入新发展阶段之后，我们既要看到我国发展总体态势是好的，完全有基础、有条件、有能力取得新的伟大胜利，也要看到当前诸多矛盾叠加、风险挑战显著增多，我国发展面临着前所未有的复杂环境。

一、把握新发展阶段

中国特色社会主义进入新时代，中国经济发展呈现出新常态，也进入了新的发展阶段。正确认识党和人民事业所处的历史方位和发展阶段，是我们党明确阶段性中心任务、制定路线方针政策的根本依据，也是我们党领导革命、建设、改革不断取得胜利的重要经验。我国进入了一个新的发展阶段，是指我国在全面建成小康社会、实现第一个百年奋斗目标之后，开启全面建设社会主义现代化国家、向第二个百年奋斗目标进军的新征程。全面建成小康社会取得伟大历史成果，解决了困扰中华民族几千年的绝对贫困问题。新发展阶段是我们党带领人民迎来从站起来、富起来到强起来历史性跨越的新阶段。进入新发展阶段，出现了哪些新的特征呢？可以用七个"新"来概括：新机遇、新挑战、新动能、新活力、新优势、新局面和新发展格局。

（一）理解新发展阶段的机遇与挑战

新发展阶段是一个危机并存、危中有机、危可转机的阶段。在这个阶段，机遇更具有战略性、可塑性，挑战更具有复杂性、全局性，挑战前所未有，应对好了，机遇也就前所未有。要以辩证思维看待新发展阶段的新机遇新挑战。从全球来看，贸易保护主义、单边主义上升，世界经济低迷，全球产业链供应链因非经济因素而面临冲击，国际经济、科技、文化、安全、政治等格局都在发生深刻调整，世界进入动荡变革期。今后一个时期，我们将面对许多逆风逆水的外部环境，必须做好应对一系列新的风险挑战的准备。从国内来看，发展环境也经历着深刻变化，发展不平衡不充分问题仍然突出，创新能力不适应高质量发展要求，农业基础还不稳固，城乡区域发展和收入分配差距较大，生态环境保护任重道远，民生保障存在短板，社会治理还有弱项。进入新发展阶段，国内外环境的深刻变化既带来一系列新机遇，也带来一系列新挑战，是危机并存、危中有机、危可转机。我们要辩证认识和把握国内外大势，统筹中华民族伟大复兴战略全局和世界百年未有之大变局，深刻认识我国社会主要矛盾发展变化带来的新特征新要求，深刻认识错综复杂的国际环境带来的新矛盾新挑战。

实现中华民族伟大复兴，是近代以来中国人民最伟大的梦想。近代以来，在外国列强入侵和封建腐朽统治下，我国错失了工业革命的机遇，大幅落后于时代，中华民族也遭受了前所未有的苦难。鸦片战争之后，中国人民和无数仁人志士不屈不挠，苦苦寻求中国现代化之路。中国共产党建立的一百多年来，团结带领中国人民所进行的一切奋斗，就是为了把我国建设成为现代化强国，实现中华民族伟大复兴。"十四五"时期是我国实现新的更大发展的关键时期。我们要增强机遇意识、风险意识，准确识变、科学应变、主动求变，勇于开顶风船，善于化危为机，为全面建设社会主义现代化国家开好局、起好步，努力实现更高质量、更有效率、更加公平、更可持续、更为安全的发展。

（二）理解百年未有之大变局

近年来，世界最主要的特点就是一个"乱"字，而这个趋势看来会延续下去。当今世界正经历百年未有之大变局，这样的大变局不是某一时之变，也不是某一国之变，是世界之变、时代之变、历史之变。面对这样的大变局，需要我们有识变之智、应变之方、求变之勇，需要我们强化战略思维、保持战略定力，需要我们加强对中远期的战略谋划，牢牢掌握战略主动权。我们必须清醒看到，当前和今后一个时期，是一个机遇与挑战并存的时期，并且机遇和挑战之大都前所未有。一方面，和平与发展仍然是时代主题，新一轮科技革命和产业变革深入发展，国际力量对比深刻调整，人类命运共同体理念深入人心。另一方面，国际形势的不稳定性不确定性明显增加，经济全球化遭遇逆流，民粹主义、排外主义抬头，单边主义、贸易保护主义、霸权主义对世界和平与发展构成威胁，国际经济、科技、文化、安全、政治等格局都在发生深刻复杂变化。

我们要准确认识决定世界百年未有之大变局走向的关键因素，理解百年未有之大变局的本质，牢牢把握战略主动。

首先，全球秩序加速变革。随着世界各国经济实力的变化，国际体系与世界力量中"东升西降""新升旧降"的趋势明显。"西强东弱"是存量，"东升西降"是增量。在当今新兴经济体群体性崛起、国际格局多极化加速发展的趋势下，西方国家主导的国际体系将面临更多的挑战，发生根本性变化，西方霸权或许已近终结。18世纪的世界由法国主导，这是受到启蒙运动启发。19世纪的世界由英国主导，这源自工业革命的引领。20世纪的世界由美国主导，因为两次世界大战的战火都没有烧到美国的本土。法国、英国、美国，西方强盛了三百年。随着新兴市场国家经济总量在全球经济中所占的比重越来越大，新兴市场国家的话语权也与日俱增。同时，即使在西方国家内部，美国与盟国的关系也很微妙，国家利益至上取代意识形态的趋势上升，越来越多的美国盟国正试图走上战略自主道路。

其次，全球产业链供应链重新布局。之前，美国在山顶上，其他国家在山脚下，喝着从山顶上融化下来的雪水。现在美国不给喝了，其他国家怎么办呢？只能自己打井。这个重新打井的过程，就是产业链供应链重新布局的过程。外部冲击加快了我国自主创新的步伐。

最后，大国关系尤其是中美关系出现转折性变化。美国对中国遏制逐渐升级，最直接的原因是中国经济总量同美国日趋接近。2020年，中国GDP接近美国的71%，工业总产值已经超过美国。从历史上看，GDP超过美国60%是一道红线，苏联和日本GDP超过美国60%后，美国都加大了遏制力度，这与追赶者是否"韬光养晦"并无直接关系。过去我们发展水平低，同别人互补性多一些；现在发展水平提高了，同别人的竞争性就多起来了。过去是顺势而上，现在是顶风而上。

（三）坚定不移推进中国式现代化

党的二十大报告指出："中国式现代化，是中国共产党领导的社会主义现代化，既有各国现代化的共同特征，更有基于自己国情的中国特色。"理解中国式现代化，既要理解"现代化"的共同特征，又要理解"中国式"的科学内涵。实现现代化首先需要以生产力的巨大增长和高度发展为前提。只有实现生产力的不断发展，人们的普遍交往才能建立起来。同时，中国进行的社会主义现代化建设是中国特色社会主义现代化建设，是要在经济上赶上发达的资本主义国家，在政治上创造比资本主义国家的民主更高更切实的民主，并且造就比这些国家更多更优秀的人才。现代化没有固定的模式，更不存在统一的标准。我国要实现的现代化，是中国式现代化，是基于中国国情的现代化，既切合中国实际，体现了社会主义建设规律，也体现了人类社会发展规律。中国式现代化具有以下特征。

1. 中国式现代化是人口规模巨大的现代化

中国式现代化是14亿多人口的现代化，其规模超过现有发达国家的总和，将彻底改写现代化的世界版图，在人类历史上是一件有深远影响的大事。让广大人民群众共享现代化的成果，是社会主义国家的必然要求，是社会主义制度优越性的集中体现，是我们党坚持全心全意为人民服务根本宗旨的重要体现。在实现现代化的道路上，我们必须坚持发展为了人民、发展依靠人民、发展成果由人民共享。中国式现代化就是要通过发展社会生产力，让14亿多人口不断实现美好生活的需要。

2. 中国式现代化是全体人民共同富裕的现代化

共同富裕是中国式现代化的重要特征，不是人类现代化的普遍特征。实现共同富裕，是中国共产党人的不懈追求。从新民主主义革命胜利到社会主义制度的确立，从解决温饱问题到达到小康水平，从全面建设小康社会到全面建成小康社会，中国共产党人在推进共同富裕的历史进程中，"一张蓝图绘到底"，在不同历史时期都取得了历史性的成效。综观近代以来的世界历史进程，共同富裕并不是人类现代化的普遍特征，资本主义社会的发展只会离共同富裕的目标越来越远，因为生产社会化和生产资料私人占有之间的矛盾不可调和，资本与劳动的对立导致两极分化越来越严重。西方现代化仅仅是现代化发展的一种模式，不但以剥削与压榨本国劳动人民为前提，而且以武力掠夺世界、野蛮开拓海外殖民地为支撑。相反，中国共产党领导下的中国式现代化，始终代表最广大人民的根本利益，始终坚持走和平发展道路，真正以实现共同富裕为根本目标。习近平总书记指出，我们推动经济社会发展，归根结底是要实现全体人民共同富裕。从发展远景来看，实现中国式现代化与推动共同富裕阶段目标也高度一致：到2035年，基本实现社会主义现代化，同时人民生活更加美好，全体人民共同富裕取得更为明显的实质性进展，基本公共服务实现均等化；到本世纪中叶，把我国建成富强民主文明和谐美丽的社会主义现代化强国，全体人民共同富裕的目标要基本实现，居民收入和实际消费水平差距缩小到合理区间。

3. 中国式现代化是物质文明和精神文明相协调的现代化

中国式现代化坚持社会主义核心价值观，加强理想信念教育，弘扬中华优秀传统文化，增强人民精神力量，促进物的全面丰富和人的全面发展。我们要学会运用辩证法，善于"弹钢琴"，处理好局部和全局、当前和长远、重点和非重点的关系，在权衡利弊中趋利避害、作出最为有利的战略抉择。从当前我国发展中不平衡、不协调、不可持续的突出问题出发，我们要着力推动物质文明和精神文明协调发展。要坚持社会主义先进文化前进方向，用社会主义核心价值观凝聚共识、汇聚力量，用优秀文化产品振奋人心、鼓舞士气，用中华优秀传统文化为人民提供丰润的道德滋养，提高精神文明建设水平。

4. 中国式现代化是人与自然和谐共生的现代化

中国式现代化注重同步推进物质文明建设和生态文明建设，走生产发展、生活富裕、生态良好的文明发展道路，否则资源环境的压力不可承受。绿色发展，就是要解决好人与自然和谐共生问题。恩格斯在《自然辩证法》中指出：我们不要过分陶醉于我们人类对自然界的胜利。对于每一次这样的胜利，自然界都对我们进行报复。20世纪，发生在西方国家的"世界八大公害事件"对生态环境和公众生活造成巨大影响。史料记载，现在植被稀少的黄土高原、渭河流域、太行山脉也曾森林遍布、山清水秀，地宜耕植、水草便畜。由于毁林开荒、乱砍滥伐，这些地方生态环境遭到严重破坏。塔克拉玛干沙漠的蔓延，湮没了盛极一时的丝绸之路。河西走廊沙漠的扩展，毁坏了敦煌古城。这些深刻教训，我们一定要认真吸取，尊重自然规律，走人与自然和谐共生的现代化道路。

5. 中国式现代化是走和平发展道路的现代化

从历史上看，一些老牌资本主义国家的现代化道路是掠夺之路，是通过侵略其他国家实现的现代化。中国式现代化是以推动构建人类命运共同体为目标的现代化，是通过和平发展实现的现代化，是在同世界各国互利共赢基础上实现的现代化。我国坚定不移走和平发展道路，积极发展全球伙伴关系，坚定支持多边主义，积极参与推动全球治理体系变革，推动建设新型国际关系，与世界同行，为人类作出更大贡献。

党的二十大报告指出："中国式现代化的本质要求是：坚持中国共产党领导，坚持中国特色社会主义，实现高质量发展，发展全过程人民民主，丰富人民精神世界，实现全体人民共同富裕，促进人与自然和谐共生，推动构建人类命运共同体，创造人类文明新形态。"坚持中国共产党领导和坚持中国特色社会主义是统领性要求，中国式现代化既是中国共产党领导下的现代化，也是中国特色社会主义的现代化。中国式现代化的本质要求还分别从经济建设、政治建设、文化建设、社会建设、生态文明建设的角度对中国式现代化进行了阐述。在经济建设方面，要实现高质量发展，这是全面建设社会主义现代化国家的首要任务。发展是党执政兴国的第一要务。没有坚实的物质技术基础，就不可能全面建成社会主义现代化强国。在政治建设方面，要发展全过程人民民主。人民民主是社会主义的生命，是全面建设社会主义现代化国家的应有之义，要健全人民当家作主制度体系。在文化建设方面，要丰富人民精神世界。以社会主义核心价值观为引领，发展社会主义先进文化，弘扬革命文化，传承中华优秀传统文化，满足人民日益增长的精神文化需要。在社会建设方面，要实现全体人民共同富裕。必须坚持在发展中保障和改善民生，鼓励共同奋斗创造美好生活，不断实现人民对美好生活的向往。在生态文明建设方面，要促进人与自然和谐共生。尊重自然、顺应自然、保护自然，是全面建设社会主义现代化国家的内在要求。必须牢固树立和践行绿水青山就是金山银山的理念，站在人与自然和谐共生的高度谋划发展。中国式现代化对外的要求是要致力于推动构建人类命运共同体。始终坚持维护世界和平、促进共同发展的外交政策宗旨，坚定奉行独立自主的和平外交政策，坚持在和平共处五项原则基础上同各国发展友好合作，推动构建新型国际关系，深化拓展平等、开放、合作的全球伙伴关系，致力于扩大同各国利益的汇合点。创造人类文明新形态是马克思主义中国化时代化的新飞跃，中国式现代化是人类文明新形态的基石。人类文明新形态摒弃了西方的现代化老路，反映了"人民至上"的根本性质。

（四）全面建设社会主义现代化国家

我国的现代化，是中国共产党领导的社会主义现代化，必须坚持以中国式现代化推进中华民族伟大复兴，既不走封闭僵化的老路，也不走改旗易帜的邪路，坚持把国家和民族发展放在自己力量的基点上、把中国发展进步的命运牢牢掌握在自己手中。

一方面，建设现代化经济体系是全面建设社会主义现代化国家的必然要求。现代化经济体系，是由社会经济活动各个环节、各个层面、各个领域的相互关系和内在联系构成的一个有机整体。具体包括：实体经济、科技创新、现代金融、人力资源协同发展的产业体系；公平竞争的市场体系；体现效率、促进公平的收入分配体系；城乡融合发展、区域优势互补的城乡区域发展体系；践行绿水青山就是金山银山理念的绿色发展体系；发展更高层次开放型经济的全面开放体系；市场机制有效、微观主体有活力、宏观调控有度的经济体制。

另一方面，构建新发展格局是全面建设社会主义现代化国家的必然选择。一是要提升自主创新能力，坚持创新在我国现代化建设全局中的核心地位，把科技自立自强作为国家发展的战略支撑。健全社会主义市场经济条件下的新型举国体制，发挥好社会主义集中力量办大事的优越性。强化企业创新主体地位，经济增长真正的动力源自企业和企业家，创新同样要靠企业和企业家。大兴识才爱才敬才用才之风，尊重劳动、尊重知识、尊重人才、尊重创造，为科技人才发展提供良好环境。二是要紧紧扭住扩大内需的战略基点，全面促进消费。内生的消费动能，主要源于居民收入水平的提高。要提高居民收入和就业水平，唯有如此，才能形成规模庞大的中等收入阶层，才能大幅度地提高消费能力，释放居民消费市场潜力，扩大总需求。同时，要补齐住房、医疗、养老和教育领域的短板。需求侧管理要解决老百姓不敢消费、消费不起的问题。只有消除老百姓的后顾之忧，老百姓拿到钱之后才会舍得花。财政资金要向养老和医疗大幅度倾斜，这是最公平的。坚持"房子是用来住的、不是用来炒的"定位，有效增加保障性住房供给，促进房地产市场平稳健康发展。从根本上改变我国居民负债中房地产抵押贷款占比过高的现状，扭转年轻人买房"掏空六个钱包"的局面，缓解房地产市场对消费市场的过度挤压。三是要积极推动高水平对外开放。现在的问题不是要不要对外开放，而是如何提高对外开放的质量和发展的内外联动性。我们必须坚持对外开放的基本国策，奉行互利共赢的开放战略，深化人文交流，完善对外开放区域布局、对外贸易布局、投资布局，形成对外开放新体制，发展更高层次的开放型经济，以扩大开放带动创新、推动改革、促进发展。

二、贯彻新发展理念

党的十八大以来，习近平总书记对经济社会发展提出了许多重大理论和理念，其中新发展理念是最重要、最主要的。创新、协调、绿色、开放、共享五大发展理念，作为管全局、管根本、管方向、管长远的东西，是党和国家发展思路、发展方向、发展着力点的集中体现。由五大发展理念组成的新发展理念体系是习近平经济思想的主要内容，是我们党对经济发展规律的最新认识。

（一）贯彻新发展理念是新时代我国发展壮大的必由之路

理念很重要，是行动的先导，有什么样的理念才可能有什么样的行动。如果理念错了，那么行动一定是错的。五大发展理念不是凭空想出来的，是在深刻总结国内外发展经验教训的基础上形成的，是针对我国发展中遇到的矛盾和问题提出来的。创新发展理念是要解决发展动力的问题。高质量发展的关键是要提高全要素生产率，提高全要素生产率的关键是创新。每一次产业革命都为新兴大国追赶守成大国提供了难得的机遇，关键就看新兴大国能否引领该次产业革命，能否站在该次产业革命的风口浪尖上。协调发展理念是要解决发展不平衡的问题。这里的不平衡既包括区域之间的不平衡，也包括城乡之间的不平衡。如果不平衡的问题解决不好，就会出现"木桶效应"，局部的不平衡会影响整体的发展水平。绿色发展理念是要解决人与自然和谐问题。人类发展活动必须尊重自然、顺应自然、保护自然，否则就会遭到大自然的报复，这个规律谁也无法抗拒。坚持绿色发展就是为了实现可持续发展，保护环境就是为了更可持续地发展生产力。开放发展理念是要解决发展内外联动问题。中国开放的大门永远不会关上，只会在更大范围、更宽领域、更深层次上提高开放型经济水平，目的就是构建人类命运共同体，实现共赢。共享发展理念是要解决社会公平正义问题。这里的共享包括全民共享、全面共享、共建共享和渐进共享。坚持创新发展、协调发展、绿色发展、开放发展、共享发展，是关系我国发展全局的一场深刻变革，是新时代我国发展壮大的必由之路。哪一个发展理念贯彻不到位，全面建设社会主义现代化国家的进程都会受到影响。

（二）新发展理念的基本内涵

新发展理念继承了马克思主义基本立场、观点和方法。创新发展理念是对马克思主义生产力理论的继承和发展，马克思主义强调生产力在人类社会发展中的决定性作用，而创新就是生产力，是推动经济高质量发展的第一动力。动力问题解决不好，要实现经济持续健康发展是难以做到的。抓住了创新，就抓住了推动生产力发展的"牛鼻子"。协调发展理念是对马克思主义辩证法的继承和发展。马克思主义辩证法强调事物之间的普遍联系性和整体性，协调发展理念是两点论和重点论的统一，强调在发展思路上既要着力破解难题、补齐短板，又要考虑巩固和厚植原有优势。强调协调发展不是搞平均主义，而是更注重发展机会公平、更注重资源配置均衡。绿色发展理念是对马克思主义生态文明理论的继承和发展。推动绿色发展，就是为了实现经济的持续健康发展，为了让人民群众感受到经济发展带来的环境效益。开放发展理念是对马克思主义世界市场论的继承和发展。《共产党宣言》指出："资产阶级，由于开拓了世界市场，使一切国家的生产和消费都成为世界性的了。"[①] 实践告诉我们，要发展壮大，必须主动顺应经济全球化潮流，坚持对外开放。共享发展理念是对马克思主义"发展为了人民"根本立场的继承和发展。马克思、恩格斯指出："无产阶级的运动是绝大多数人的，为绝大多数人谋利益的独立的运动"[②]，在未来社会生产将以所有人富裕

[①] 马克思、恩格斯：《共产党宣言》，人民出版社 2018 年版，第 31 页。
[②] 马克思、恩格斯：《共产党宣言》，人民出版社 2018 年版，第 39 页。

为目的。共享发展理念的实质就是坚持以人民为中心的发展思想。

新发展理念是一个系统的理论体系，回答了关于发展的目的、动力、方式、路径等一系列理论和实践问题，阐明了我们党关于发展的政治立场、价值导向、发展模式、发展道路等重大政治问题。首先，贯彻新发展理念要坚持系统的观点。五大发展理念相互贯通、相互促进，是具有内在联系的集合体，在贯彻新发展理念过程中要注意其整体性和关联性，做到系统设计、齐头并进、统一贯彻，不能单打独斗、顾此失彼，不能偏执一方、畸轻畸重，不能相互替代、相互割裂。其次，贯彻新发展理念要用好辩证法。要坚持两点论和重点论的统一，善于厘清主要矛盾和次要矛盾、矛盾的主要方面和次要方面，区分轻重缓急，在兼顾一般的同时紧紧抓住主要矛盾和矛盾的主要方面，以重点突破带动整体推进，在整体推进中实现重点突破。再次，要将新发展理念当作"指挥棒"和"红绿灯"。所有的行动都要统一到新发展理念上来，对不符合新发展理念的行动要立即制止，对不符合新发展理念的认识要立即调整。最后，贯彻新发展理念同全面深化改革是贯通的。贯彻落实新发展理念，既涉及一系列思维方式、行为方式、工作方式的变革，也涉及利益关系的调整，关键要靠改革，就是要使市场在资源配置中起决定性作用，更好发挥政府作用。

（三）贯彻新发展理念需要把握的根本原则

从根本宗旨把握新发展理念。贯彻新发展理念的根本宗旨，就是要为中国人民谋幸福，为中华民族谋复兴。完整、准确、全面贯彻新发展理念，必须坚持以人民为中心的发展思想，坚持发展为了人民、发展依靠人民、发展成果由人民共享。比如，我们之所以如此重视绿色发展理念，就是因为老百姓对清新空气、蓝天白云、干净水源的要求越来越高，因为它关系老百姓的健康和安全，而老百姓的健康和安全就是我们最大的民生。再如，我们之所以如此重视共享发展理念，就是因为共享发展和共同富裕是社会主义的本质要求，是社会主义制度优越性的集中体现。共享发展和共同富裕不仅是经济问题，而且是关系党的执政基础的重大政治问题。我们决不能允许贫富差距越来越大、穷者愈穷富者愈富,决不能在富的人和穷的人之间出现一道不可逾越的鸿沟,决不能允许出现"富者累巨万,穷者食糟糠"的现象。

从问题导向把握新发展理念。一方面,新发展理念的提出,就是遵循问题导向的结果,就是为了解决我国发展过程中遇到的突出矛盾和问题,就是为了解决好发展不平衡不充分的问题,推动中国经济高质量发展。比如,创新能力不强是我国经济大块头的"阿喀琉斯之踵",我国还存在诸多"卡脖子"问题,因此我国要全面提高自主创新能力,在科技创新上取得重大突破。另一方面,在贯彻新发展理念的过程中,同样会遇到各种各样的矛盾和问题需要解决。比如,要解决好协调发展和经济发展规律之间的关系。从全球发展规律来看,产业和人口向发达地区集聚是大趋势,所以区域之间的协调发展是不能用经济发展水平来衡量的,更需要全国统筹一盘棋。再如,我们既要实现2030年前碳达峰、2060年前碳中和的目标,又要考虑到我国能源体系长期以来高度依赖煤炭等化石能源,所以不能把这场"持久战"打成"突击战"。

从忧患意识把握新发展理念。增强忧患意识,做到居安思危,是全面建设社会主义现代化国家新征程中必须要坚持的一个重大原则。安全和发展是一体之两翼、驱动之双轮。安全是发展的保障,发展是安全的目的。当今世界,国际力量对比发生新的变化,世界经济进入深度调整期,我国发展面临的国际环境更加复杂严峻。我们前进的道路上有各种各样的"拦路虎""绊脚石"。我们要维护的安全,既包括粮食、能源、重要资源上的安全,也包括产业链、供应链稳定安全,还包括公共卫生安全,等等。维护国家安全,就需要贯彻新发展理念,增强忧患意识,坚持统筹发展和安全,坚持底线思维,把维护国家安全的战略主动权牢牢掌握在自己手中。增强忧患意识,就是要从最坏处着眼,做最充分的准备,朝好的方向努力,争取最好的结果。

三、构建新发展格局

2020年5月以来，习近平总书记多次强调要形成以国内大循环为主体、国内国际双循环相互促进的新发展格局。党的十九届五中全会提出了"十四五"时期经济社会发展指导思想和必须遵循的原则，要求不断提高贯彻新发展理念、构建新发展格局的能力和水平。党的二十大要求，增强国内大循环内生动力和可靠性，提升国际循环质量和水平，加快建设现代化经济体系，着力提高全要素生产率，着力提升产业链供应链韧性和安全水平，着力推进城乡融合和区域协调发展，推动经济实现质的有效提升和量的合理增长。推动形成双循环新发展格局，是未来我国经济发展的方向，更是"十四五"时期我国经济改革发展的着眼点。新发展格局是根据我国发展阶段、环境、条件变化提出来的，是重塑我国国际合作和竞争新优势的战略抉择，是我国努力在危机中育新机、于变局中开新局的重要抓手。

（一）双循环新发展格局的内涵

双循环新发展格局的本质内涵是"独立自主、高水平开放"。双循环新发展格局既强调供给侧和需求侧的统一，又强调国内国际双循环的相互促进，还强调改革、发展与安全的全方位统筹。构建新发展格局是推动我国经济高质量发展的现实需要，是维护我国经济安全的主动选择，需要我们坚持不懈、久久为功，既要充分发挥国内超大规模市场优势，又要利用好国内国际两个市场、两种资源；既要看到扩大内需战略的实力，又要看到坚持供给侧结构性改革的能力。双循环新发展格局体现了我们坚持独立自主和对外开放的统一。独立自主是我国长期发展积累的宝贵经验，是国家制度和国家治理体系的优势所在，更是推动我国经济持续健康发展的根本保障。双循环新发展格局强调以国内大循环为主体，强调"独立自主"，但绝不意味着我国经济要与国际经济主动脱钩，而是要顺应国内外形势变化，从"国际循环带动国内循环"转变为

"国内循环推动国际循环",在更高水平上推进对外开放。实践也证明,大国经济如果没有独立自主作为保障,在关键领域过多依赖其他国家,对外开放的战略就会受制于其他国家。

1. 以独立自主为着眼点畅通国内大循环

独立自主的国内大循环是双循环新发展格局的主体和基础,要体现以我为主、自立自强。这要求以大力推进供给侧结构性改革、提升自主创新能力和扩大内需为战略基点,疏通国内生产、分配、流通、消费各环节,推动国内产业链提质、供应链升级,发挥好我国作为世界最大市场的潜力和作用,实现产供销紧密结合、上下游协同发展的体系。

(1) 供给侧结构性改革是畅通国内大循环的主线。在生产、分配、流通、消费四个环节中,生产具有决定性作用。因此,构建新发展格局,更需要大力推进供给侧结构性改革,以畅通国内经济循环,使国内产业链供应链更加完整、国外产业循环与国内循环融为一体。这既有利于国内经济大循环的安全,也有利于国内国际双循环相互促进。供给和需求是市场经济内在关系的两个基本方面,二者相互依存。没有需求,供给无法实现;没有供给,需求就无法满足,供给侧结构性改革是拉动需求的治本良药,更是国内大循环畅通的核心。要通过供给侧结构性改革在"通"字上下功夫,打通堵点、连接断点。一方面,我国拥有较好的发展条件和物质基础,拥有全球最完整的产业体系和不断增强的科技创新能力,有9亿多劳动人口,其中约1.7亿是受过高等教育或拥有专业技能的人才,这些因素支撑着供给侧结构性改革的推进和经济的高质量发展。另一方面,如果供给的质量无法满足人民群众对美好生活的需要,以国内大循环为主体的经济循环体系就无法建立。过去我国国内产品质量较差,国内消费群体不得不通过出国购买、跨境电商等渠道满足消费需求,把这部分消费群体留在国内,是实现国内大循环的关键所在。供给侧结构性改革的目的就是更好地满足需求,提高供给结构对需求变化的适应性和灵活性。供给侧结构性改革是党中央在综合分析世界经济长周期和我国经济发展新常态的基础上提出来的,是我国经济工作的主线。供给侧结构性改革的主攻方向是提高供给质量,树立质量第一的强烈意识，引导企业加强品牌建设，增强产品竞争力，培育更多"百年老店"，通过减少无效供给、扩大有效供给来提高供给结构对需求结构的适应性。推进供给侧结构性改革的根本途径是深化改革，要完善市场在资源配置中起决定性作用的体制机制，优化营商环境，健全要素市场，使价格机制真正引导资源配置，提高全要素生产率。只要我们保持战略定力，坚持以供给侧结构性改革为主线，我国经济就一定能够加快转入高质量发展轨道。

（2）提升自主创新能力是独立自主的基础。在单边主义、贸易保护主义上升的大背景下，我国经济社会发展和民生改善比过去任何时候都更加需要科学技术解决方案，都更加需要创新这个第一动力，都更加需要把科技自立自强作为国家发展的战略支撑。当前，我国科技领域仍然存在一些亟待解决的突出问题，基础科学研究短板依然显著，重大原创性成果依旧缺乏，"卡脖子"的领域依旧存在，高端芯片、基础材料等瓶颈仍然突显，但我们一定要认识到危和机往往是并存的，危中有机、危可转机。中美贸易摩擦以来，我国一些出口企业受到较大影响，但也有一些企业从中找到了机会，实现了"进口替代"，使坏事变成了好事，企业界、科技界的创新能力全面提升。我国的当务之急就是加快推动产业向全球产业链高端延伸，进入研发设计、营销服务等高端环节，不断提升产业竞争力，构建全球创新链。大力提升自主创新能力、尽快突破关键核心技术是关系我国发展全局的重大问题，是消灭我国这个经济大块头"阿喀琉斯之踵"的迫切要求，也是形成以国内大循环为主体的关键。自力更生是中华民族自立于世界民族之林的奋斗基点，自主创新是我们攀登世界科技高峰的必由之路。实践反复告诉我们，关键核心技术是要不来、买不来、讨不来的。要依托我国超大规模市场和完备产业体系，创造有利于新技术快速大规模应用和迭代升级的独特优势，加速科技成果向现实生产力转化，提升产业链水平，维护产业链安全。要发挥集中力量办大事的制度优势，以关键共性技术、前沿引领技术、现代工程技术、颠覆性技术创新为突破口，努力实现关键核心技术自主可控。

（3）紧紧扭住扩大内需的战略基点是独立自主的关键。构建新发展格局，我国要更好发挥内需的潜力。我国有14亿多人口的内需市场，正处于新型工业化、信息化、城镇化、农业现代化同步发展阶段，人民对美好生活的要求不断提高，教育、医疗等孕育着巨大的消费潜力和大量消费升级需求，个性化、多样化消费渐成主流，保证产品质量安全、通过创新供给激活需求的重要性显著上升，内需潜力不断被释放，国内大循环活力日益强劲。同时还要看到，我国总体消费水平还不高，进一步拉动消费的余地还很大，老百姓对学有所教、病有所医、老有所养、住有所居有更高水平的需求，但教育、医疗、养老、住房等保障体系尚不健全，上学难、看病贵、养老难、房价高等问题导致我国老百姓不敢大胆消费。我们必须采取正确的消费政策，让收入的提高伴随着消费的增长，通过基本民生的高质量保障来打消老百姓的担忧，释放消费潜力，使消费在构建经济发展新格局中发挥重要作用。扩大内需是我们应对外部环境恶化的重要着力点之一，只要我们能够扭住扩大内需的战略基点，国内市场主导国民经济循环的特征就会更加明显，以消费升级引领供给创新、以供给提升创造消费新增长点的循环动力就会持续增强，更高水平的供需平衡就会实现。推动高质量发展，建设现代化经济体系，其目的就是满足人民日益增长的美好生活需要。在经历了40多年高强度大规模开发建设后，传统产业、房地产投资相对饱和，但一些新技术、新产品、新业态、新商业模式的投资机会涌现，投资需求的潜力是巨大的。加快释放新型消费能力，积极丰富5G技术应用场景，带动5G手机等终端消费，扩大绿色食品的生产销售，积极稳定汽车等传统大宗消费，这些措施将有力推动国内大循环体系的形成。

2. 以高水平对外开放推动国际循环

经济全球化是社会生产力发展的客观要求和科技进步的必然结果，为世界经济增长提供了强劲动力，促进了商品和资本流动、科技和文明进步、各国人民交往，符合我国和世界各国的共同利益。总结我国改革开放40多年来取得的巨大成就，一靠中国人民自力更生的辛勤和汗水，二靠中国坚持打开国门搞建设，开放已经成为当代中国的鲜明标志。我国不断扩大对外开放，不仅发展了自己，也造福了世界。从这个意义上来看，我国始终会是全球共同开放的重要推动者，始终会是世界经济增长的稳定动力源，始终会是各国出口的大市场，始终会是全球治理改革的积极贡献者。

以国内大循环为主体、国内国际双循环相互促进的新发展格局是开放的国内国际双循环，不是闭关锁国、闭门造车，不意味着我国经济不再重视国际经济循环。在经济全球化深入发展的条件下，我们不可能关起门来搞建设，更不可能什么都自己做，放弃国际分工与合作，而是要善于统筹国内国际两个大局，利用好国内国际两个市场、两种资源。立足国内经济循环，补齐发展过程中的短板，有利于在更高层次推动国际循环，形成双循环相互促进的格局。纵观人类社会发展史，世界经济开放则兴，封闭则衰。对外开放是我国的基本国策，对外开放是推动我国经济社会发展的重要动力，我国开放的大门不会关上，只会越开越大，在更大范围、更宽领域、更深层次上提高开放型经济水平，以更加积极主动的姿态走向世界。

当前，世界经济面临诸多复杂挑战，新增长动能缺乏，贸易和投资保护主义较为严重，个别国家想人为让世界经济退回到孤立的旧时代。我国作为一个经济大国，已经到了一个新的发展阶段：只有打通国内大循环，只有以国内循环推动国际循环，充分利用一切机遇，合作应对一切挑战，才能使国内和国际两个市场更好联通，才能同时利用好国内国际两个市场、两种资源，实现双循环下的、更加深入的经济全球化，推动经济全球化朝着更加开放、包容、普惠、平衡、共赢的方向发展，让经济全球化进程更有活力、更加包容、更可持续，让包括我国在内的各个国家、各个阶层、各类人群共享经济全球化的好处。当今世界，全球价值链供应链深入发展，你中有我、我中有你，各国经济融合是大势所趋。我国以国内大循环推动国际大循环，实现高水平对外开放，就是为了坚决反对保护主义、单边主义，不断削减贸易壁垒，推动全球价值链供应链更加完善，共同培育市场需求，积极推动全球经济更加密切的联系。

3. 以完善高水平社会主义市场经济体制为抓手全面深化改革

构建新发展格局是发展问题，但本质上是改革问题。完善高水平社会主义市场经济体制，需要全面深化改革，关键是处理好政府和市场的关系，充分发挥市场在资源配置中的决定性作用，更好发挥政府作用，推动有效市场和有为政府更好结合。这既是一个重大理论命题，又是一个重大实践命题。在对这个问题的认识上，要讲辩证法、两点论，做到市场与政府"两只手"有机统一、相互补充、相互协调、相互促进。有效市场的应有之义是让市场去配置资源。使市场在资源配置中起决定性作用就是为了更加突出市场的作用，把市场机制能有效调节的经济活动交给市场。有为政府就要更加尊重市场经济一般规律，二者是有机统一的，不是相互否定的，不能把二者割裂开来，对立起来，不能用市场在资源配置中的决定性作用取代甚至否定政府作用，也不能用更好发挥政府作用取代甚至否定使市场在资源配置中起决定性作用。

4. 以统筹发展和安全为目的应对百年未有之大变局

当今世界正经历百年未有之大变局，要更深刻地认识发展和安全的关系。安全是发展的前提，发展是安全的保障。保障安全，就要做到重要产业、基础设施、战略资源、重大科技等关键领域自主可控。一是要增强产业体系抗制裁能力。产业链供应链是大国经济循环畅通的关键。我国的产业链供应链尚存在诸多"断点""堵点"，提升产业链供应链现代化水平，保障产业链供应链稳定和安全，补齐产业链供应链短板，既是高质量发展的要求，也是维护我国经济安全的基础。二是要维护金融、通信、网络等重要基础设施安全。金融活，经济活；金融稳，经济稳。经济的开放需要金融的开放为其服务，经济的安全需要金融的安全为其保障，守住不发生系统性金融风险的底线是金融工作的根本性任务。三是要确保粮食安全，保障能源和战略性矿产资源安全。把中国人的饭碗牢牢端在自己手上，保障国家粮食安全始终是治国理政的头等大事。从国家发展和安全的战略高度认识保障能源安全的重要性，审时度势，顺势而为。四是要确保重大科技领域安全。科技自立自强是一个国家走向繁荣富强的立身之本，突破关键核心技术瓶颈制约是推动经济全球化的重要动力。

(二) 双循环新发展格局的理论基础

构建新发展格局是大国经济发展的必然要求，大国经济崛起最为关键的标志就是构建以内为主、能够对世界经济产生巨大影响的经济体系，内需拉动、创新驱动的经济发展模式有助于维护一国经济安全。以国内大循环为主体、国内国际双循环相互促进的新发展格局与经济新常态、新发展理念、供给侧结构性改革、建设现代化经济体系以及高质量发展一脉相承，是习近平经济思想的新发展，符合马克思主义政治经济学的基本原理，开拓了马克思主义政治经济学新境界。

1. 基于"生产力决定生产关系，生产关系适应生产力"的视角

马克思主义政治经济学不仅研究生产关系的发展规律，也研究生产力的发展规律，还研究生产力与生产关系的相互作用规律。生产力理论是马克思主义理论的基石，也是马克思主义政治经济学最基本的范畴。社会主义的首要任务是发展生产力，逐步提高人民的物质和文化生活水平。解放和发展生产力是中国特色社会主义政治经济学最具标识性的术语，也是对马克思主义政治经济学的发展与创新。人类社会发展的规律性就是生产关系一定要适应生产力发展。只有把生产关系归结于生产力的高度，才能正确揭示一定历史阶段社会经济形态的运动规律。"生产关系与生产力发展相适应"就是马克思研究社会经济制度变迁的基本原则。生产力的发展会引起生产组织的变化，进而导致社会生产关系的变化和经济制度的变迁。生产关系包括人与人的关系，生产过程中的关系，产品的分配关系、交换关系和消费关系等。建立和发展新的生产关系是生产力发展的决定性力量，如果没有这种生产关系的发展，生产力就不可能有进一步的发展，这就是生产关系对生产力的反作用。从我国的实践来看，改革开放初期的家庭联产承包责任制就是对生产关系的一个重大调整，大大解放了农村生产力，调动了农民积极性。

双循环新发展格局的提出同样是对生产关系的一次重大调整，目的是进一步推动生产力的发展。双循环新发展格局不是偶然事件冲击下的应急措施，不是单纯外部条件影响形成的产物，而是新阶段我国发展内外部因素综合作用的内生产物。从"生产力决定生产关系，生产关系适应生产力"的视角看，发展格局的调整需要以是否有利于生产力进步为标准。当前，在国际大循环动能减弱、个别国家极力推动"逆全球化"、全球供应链和产业链遭受严重创伤的背景下，"以国际大循环为依托，以外促内"的发展格局已经不适应我国生产力的发展，无法满足人民群众对美好生活的需要，甚至成为我国经济高质量发展的制约因素，因此需要转变为以国内大循环为主体、国内国际双循环相互促进的发展格局。

2. 基于资本循环的视角

马克思揭示了产业资本运动的一般规律，即资本的循环可分为三个阶段：第一阶段是使用货币资本购买生产资料和劳动力等生产要素，即 G—W。在该阶段，资本由货币形态变成了生产要素形态。第二阶段是将购买的生产要素投入生产，即…P…。在该阶段，生产资料和劳动力相结合，资本不仅在存在形态上发生了变化，还在数量上实现了增殖。第三阶段是将新商品转化为货币，即 W′—G′。在该阶段，资本必须由商品形态转化为货币形态，才能体现资本的价值和剩余价值。资本通过上述购买、生产和售卖三个阶段，相应采取货币资本、生产资本和商品资本三种形式，执行不同的职能，最后以货币形式回到出发点使价值增殖，完成循环过程。

从产业资本循环的视角看，一个国家国内资本循环要顺利进行，要以能够获得生产资料和劳动力为前提，同时要完成从商品到货币的惊险跳跃，以流通的顺利完成为条件。马克思指出："资本的循环，只有不停顿地从一个阶段转入另一个阶段，才能正常进行。如果资本在第一阶段 G—W 停顿下来，货币资本就会凝结为贮藏货币；如果资本在生产阶段停顿下来，一方面生产资料就会搁置不起作用，另一方面劳动力就会处于失业状态；如果资本在最后阶段 W′—G′ 停顿下来，卖不出去而堆积起来的商品就会把流通的流阻塞。"① 由此可见，一旦资本循环无法进行，就会在某些领域发生危机。改革开放 40 多年以来，我国积极参与国际经济循环，是为了合作共赢，同时提升我国的综合实力。但国际循环有一个前提就是国际贸易自由，否则国家之间不会形成分工。当前外部环境复杂多变，国际自由贸易面临重大挫折，只能通过构建以国内大循环为主体、国内国际双循环相互促进的新发展格局来完成产业资本的循环过程。

3. 基于国际贸易理论的视角

亚当·斯密指出，"劳动生产力上最大的增进，以及运用劳动时所表现的更大的熟练、技巧和判断力，似乎都是分工的结果。"② 分工一经确立，一个人自己劳动的生产物便只能满足自己欲望的极小部分，大部分欲望只能通过交换获得。分工的原则就是每个人都生产自己最擅长的那种产品，然后进行交换。同时，分工源于交换能力，分工的程度总要受交换能力大小的限制。李嘉图同样证明过国际分工和贸易可以增进人类福祉。李嘉图的比较优势理论认为，一个国家不论处于什么发展阶段，不论经济力量是强还是弱，都能确定自己的比较优势，都能做到"两优相权取其重，两劣相权取其轻"。按照李嘉图的比较优势理论，一个国家只需生产自己擅长的东西即可，没有必要生产自己不擅长的东西，这样通过交换就能实现利益最大化。从斯密的绝对优势理论到李嘉图的比较优势理论，其付诸实践都需要一个重要的前提条件，即国际贸易自由。一个国家分享国际经济循环才能分享到国际分工的红利。如果各国之间无法进行自由贸易，即使两个国家之间存在绝对优势和比较优势，也不会形成分工，提升我国产业链水平、以国内循环推动国际循环的原因正在于此。在国际环境复杂多变的情况下，需要我们坚定不移实施扩大内需战略，大力推进供给侧结构性改革，同时扩大开放，积极构建以国内大循环为主体、国内国际双循环相互促进的新发展格局。

---

① 《马克思恩格斯全集》（第四十五卷），人民出版社 2003 年版，第 63 页。
② 〔英〕亚当·斯密：《国民财富的性质和原因的研究》（上卷），郭大力、王亚南译，商务印书馆 2017 年版，第 7 页。

（三）双循环新发展格局的现实根基

不论从国内角度来看还是从国际角度来看，都需要构建以国内大循环为主体、国内国际双循环相互促进的新发展格局。从国内角度来看，双循环新发展格局有利于推动我国产业链升级，发挥好我国超大规模的消费市场优势。从国际角度看，面对"逆全球化"、单边主义、贸易保护主义等思潮，需要我国对循环体系进行再部署、再调整。

1. "两头在外、大进大出"的国际大循环经济发展战略无法继续

经济发展是分阶段的，不同的阶段需要不同的发展模式。"两头在外、大进大出"的国际大循环经济发展战略在我国曾经发挥了一定的作用。改革开放初期，我国经济发展的起点低，人均收入水平也低，想办法利用发达国家技术转移和全球国际分工的机会，发挥劳动密集型优势，抓住经济全球化的重要机遇，形成市场和资源"两头在外"发展模式，通过扩大加工出口来推进经济发展，增加了外汇储备，创造了新增就业，提高了居民收入水平。但发展到今天，之前"两头在外、大进大出"的国际大循环经济发展战略已经遭遇民粹主义、贸易保护主义、单边主义等障碍，无法持续。同时，国内人民群众的需求结构发生了重大变化，对质量和品质的要求越来越高，需要国内供给体系更好地满足国内需求。

2. 新发展格局是我国真正成为世界经济强国的内在要求

大国经济主要是靠内循环来推动的，不可能过度依靠外循环。从对外依存度来看，在2008年国际金融危机之前，随着我国对外开放不断深入，进出口规模不断增加，对外依存度逐年上升，尤其是加入WTO之后，2006达到峰值67%。随着我国经济总量越来越大，加之2008年国际金融危机之后全球消费市场陷入低迷，贸易保护主义抬头，我国对外依存度开始下降，到2019年降到35.72%。但同年美国为19.7%，日本为28%，我国明显高于其他主要经济体。对于一个大国经济体而言，国际大循环居于主导地位、外向型特征十分明显的经济结构不利于维护经济安全。展望未来，出口在我国经济当中的比重一定会日益减

少。2006年，出口占GDP的比重超过1/3，达到35.4%，到2019年降为17.4%，今后这个比例会进一步下降，以要素低成本、出口导向来推动经济发展的增长模式已不可持续。越大的经济体，越要依靠国内消费来拉动经济增长。尤其是在我国经济高质量发展的背景之下，如果产业链水平较低、创新能力不强、核心技术对外依存度过高、国内供给无法满足国内需求，就会影响现代化经济体系的建设和高质量发展目标的实现。当前，我国科技领域仍然存在一些亟待解决的突出问题，特别是同高质量发展的要求相比，我国科技创新短板依然突出，在视野格局、创新能力、资源配置、体制政策等方面存在诸多不适应的地方。现在，我们面临千载难逢的历史机遇，迎来了世界新一轮科技革命和产业变革同我国转变发展方式的历史性交汇期，应积极构建以国内大循环为主体的新发展格局，提供高质量科技供给，推动经济发展质量变革、效率变革、动力变革，推动产业链再造和价值链提升，满足老百姓对美好生活向往的有效需求。

3. 增进人民福祉需要构建新发展格局

人民群众对美好生活的向往，就是我们奋斗的目标，经济的发展要关注人民生活水平的提高。改革开放40多年来，我们利用国际国内两个市场，人民生活水平有了较大改善。2019年，我国人均GDP已经超过1万美元，城镇化率超过60%，在全面建成小康社会之后进入了全面建设社会主义现代化国家的新阶段。我国社会主要矛盾已经转化为人民日益增长的美好生活需要和不平衡不充分的发展之间的矛盾，发展的重点从解决"有没有"转变为解决"好不好"，我国居民消费结构加快向品质型消费升级，个性化、多样化和品质化消费需求增长速度明显加快。当前，我国已成为全球第二大消费市场，但这是就总量而言，人均消费量与发达国家相比还有较大差距，挖掘消费的潜力巨大，尤其是对中高端产品和服务的消费需求增长较快，庞大的中等收入群体构成了我国中高端商品和服务的消费主体。这些因素决定着我国的发展模式需要从外向型发展模式转变为由内循环主导的发展模式。只有构建完整的内需体系，补齐消费市场的短板，实现经济由外需拉动型转变为内需拉动型，把满足国内需求作为经济发展的出发点和落脚点，才能够更好解决现阶段我国社会面临的主要矛盾，更好满足人民对美好生活的向往和消费升级的换代需要。

4. 构建新发展格局有利于应对逆风逆水的外部环境

当前，全球产业链供应链因非经济因素而面临冲击，我们将面对更多逆风逆水的外部环境，必须做好应对一系列新的风险挑战的准备，这个准备就是推动形成以国内大循环为主体、国内国际双循环相互促进的新发展格局。2018年中美贸易摩擦以来，美国不遗余力地打压中国发展，美国部分政客扬言与中国"脱钩"，紧锣密鼓加紧"去中国化"。经济全球化遭遇逆流，供给侧的国外供应链不稳定，需求侧的保护主义盛行、全球经济陷入低迷，加之民粹主义、单边主义、孤立主义上升，国际贸易和投资大幅萎缩，给人类生产生活带来前所未有的挑战和考验。在全球化重构的时代，我们在战略和政策上必须进行调整，新发展格局就是应对上述危机和风险的必然选择。作为一个经济大国，我国要统筹好经济发展与风险防控、对外开放与经济安全之间的关系，将经济发展的动力和重心转向国内经济大循环，在此基础上进一步扩大开放，重新定位我国在全球经济体系中的位置，布局开放新模式，由"国际循环带动国内循环"转为"国内循环推动国际循环"。新发展格局意味着我国要通过国内"自转"推动国际"公转"，通过中国经济"体内"循环推动全球经济"体外"循环，这种循环模式有利于维护我国经济安全。只有把创新主动权、发展主动权牢牢掌握在自己手中，只有不断提升产业链水平、破解关键技术和高端装备依赖进口的问题，才能从根本上应对逆风逆水的外部环境并保障国家经济安全。

5. 我国构建新发展格局具有显著的制度优势

公有制为主体、多种所有制经济共同发展，按劳分配为主体、多种分配方式并存，社会主义市场经济体制等社会主义基本经济制度，既体现了社会主义制度的优越性，又同我国社会主义初级阶段社会生产力发展水平相适应，是党和人民的伟大创造。这三项基本经济制度相互联系、相互支持、相互促进，具有长期性和稳定性，起着规范方向的作用，对经济发展方式具有决定性影响。首先，"两个毫不动摇"缺一不可。我们既要明确国有企业是中国特色社会主义的重要物质基础和政治基础，当然要旗帜鲜明、理直气壮地做强做优做大；又要明确国有企业的出路在改革，必须坚持现代企业制度改革方向，坚持分类指导原则；还要明确民营企业和民营企业家都是我们"自己人"，坚决抵制所谓的"离场论""新公私合营论"等错误观点。其次，"两种分配方式"并存。按劳分配是基本原则，同时也要注意效率和公平的有机统一，允许和鼓励资本、土地、知识、技术、管理、数据等其他生产要素参与分配，积极发挥再分配的调节作用，在"做大蛋糕"的同时"分好蛋糕"。最后，发挥好"两只手"的作用。社会主义制度和市场经济的结合是一个伟大创造，对政府和市场关系的认识有了重大突破，使市场在资源配置中起决定性作用，更好发挥政府作用，为完善社会主义市场经济体制指明了方向。

新中国成立70多年来，我们党领导人民创造了经济快速发展的奇迹，用几十年时间走完了发达国家几百年走过的工业化进程，跃升为世界第二大经济体，综合国力显著提升，人民生活显著改善，取得如此成绩所依靠的就是中国特色社会主义制度。党的十八大以来，党中央提出了一系列拉动内需、推动创新的新举措。2012年底召开的中央经济工作会议提出"扩大内需、提高创新能力、促进经济发展方式转变"，2018年在深化供给侧结构性改革的基础上提出"畅通国民经济循环""促进形成强大国内市场"。新发展格局下，更要发挥我国社会主义制度能够集中力量办大事的显著优势，补齐产业链、供应链中存在的短板，全面提升自主创新能力，既要发挥好市场在资源配置中的决定性作用，又要更好发挥政府作用，建设高标准市场体系。新发展格局的构建离不开制度保障，我国的制度优势能够为市场主体提供安全环境、政策保障和强力激励，有利于疏通新发展格局面临的堵点、痛点和难点，有利于发挥新型举国体制优势，集中力量攻关核心技术，强化关键环节、关键领域、关键产品保障能力。

四、统筹发展和安全

党的二十大要求我们"统筹发展和安全,全力战胜前进道路上各种困难和挑战,依靠顽强斗争打开事业发展新天地"。统筹发展和安全,增强忧患意识,做到居安思危,是我们党治国理政的一个重大原则。当前和今后一个时期,我国经济发展面临的国际国内环境会更加复杂,全球动荡源和风险点显著增多,传统安全和非传统安全风险相互叠加。我国正处在优化经济结构的攻关期,各种结构性、体制性、周期性问题相互交织,必须把防风险摆在突出位置,统筹发展和安全。

(一)着力增强自主创新能力,确保产业链供应链安全

中国要强盛、要复兴,就一定要大力发展科学技术,努力成为世界主要科学中心和创新高地。只有把关键核心技术掌握在自己手中,才能从根本上保障国家经济安全、国防安全和其他安全。要增强"四个自信",以关键共性技术、前沿引领技术、现代工程技术、颠覆性技术创新为突破口,敢于走前人没走过的路,努力实现关键核心技术自主可控,把创新主动权、发展主动权牢牢掌握在自己手中。要增强责任感和危机感,丢掉幻想,正视现实,打好关键核心技术攻坚战,加快攻克重要领域"卡脖子"技术。产业链供应链在关键时刻不能掉链子,这是大国经济必须具备的重要特征。

1. 增强企业自主创新能力

企业是创新的主体,是推动创新创造的生力军。正如恩格斯所说:"社会一旦有技术上的需要,则这种需要就会比十所大学更能把科学推向前进。"[1] 要推动企业成为技术创新决策、研发投入、科研组织和成果转化的主体,培育一批核心技术能力突出、集成创新能力强的创新型领军企业。要发挥市场对技术研发方向、路线选择、要素价格、各类创

---

[1] 《马克思恩格斯全集》(第三十九卷),人民出版社 1974 年版,第 198 页。

新要素配置的导向作用，让市场真正在创新资源配置中起决定性作用。政府要做的事情，就是要完善政策支持和服务监管等长效机制，带动新技术、新产品、新业态蓬勃发展。

2. 充分激发人才创新活力

功以才成，业由才广。世上一切事物中人是最宝贵的，一切创新成果都是人做出来的。硬实力、软实力，归根到底要靠人才实力。全部科技史都证明，谁拥有了一流创新人才、拥有了一流科学家，谁就能在科技创新中占据优势。当前，我国高水平创新人才仍然不足，特别是科技领军人才匮乏。人才评价制度不合理，唯论文、唯职称、唯学历的现象仍然严重，名目繁多的评审评价让科技工作者应接不暇，人才"帽子"满天飞，人才管理制度还不适应科技创新要求、不符合科技创新规律。要创新人才评价机制，建立健全以创新能力、质量、贡献为导向的科技人才评价体系，形成并实施有利于科技人才潜心研究和创新的评价制度。要注重个人评价和团队评价相结合，尊重和认可团队所有参与者的实际贡献。要完善科技奖励制度，让优秀科技创新人才得到合理回报，释放各类人才创新活力。要让经费为人的创造性活动服务，不能让人的创造性活动为经费服务。要通过改革，改变以静态评价结果给人才贴上"永久牌"标签的做法，改变片面将论文、专利数量作为人才评价标准的做法，不能让繁文缛节把科学家的手脚捆死了，不能让无穷的报表和审批把科学家的精力耽误了。要全方位培养、引进、用好人才，造就更多国际一流的科技领军人才和创新团队，培养具有国际竞争力的青年科技人才后备军。要为科学家和留学生回国从事研究开发、学习、工作和生活提供良好环境和服务保障，让他们人尽其才、才尽其用、为国效力。

3. 抓好基础研究

基础研究是整个科学体系的源头。我国面临的很多"卡脖子"技术问题，根子是基础理论研究跟不上，源头和地区的东西没有搞清楚。要瞄准世界科技前沿，抓住大趋势，下好"先手棋"，打好基础，储备长远，甘于坐冷板凳，勇于做栽树人、挖井人，实现前瞻性基础研究、引领性原创成果重大突破，夯实世界科技强国建设的根基。要加大应用基础研究力度，以推动重大科技项目为抓手，打通"最后一公里"，拆除阻碍产业化的"篱笆墙"，疏通应用基础研究和产业化连接的快车道。要创造有利于基础研究的良好科研生态，建立健全科学评价体系、激励机制，鼓励广大科研人员解放思想、大胆创新，搭建自由探索和充分交流的平台，让科学家潜心搞研究。

（二）扛稳粮食安全重任

"三农"问题是全党工作重中之重，实现农业农村现代化是全面建设社会主义现代化国家的重大任务，是解决发展不平衡不充分问题的必然要求。一是要全面实施乡村振兴战略。巩固拓展脱贫攻坚成果同乡村振兴有效衔接，接续推动脱贫摘帽地区乡村全面振兴，促进经济社会发展和群众生活改善。二是要保障粮食安全。"世界上什么问题最大？吃饭问题最大。"手中有粮，心中不慌。粮食安全事关国家安全、社会稳定，一旦粮食被别人"卡了脖子"，会比芯片被别人"卡了脖子"更严重，在这个问题上千万不可掉以轻心。中国人的饭碗要牢牢端在自己手中，中国人的饭碗主要装中国粮。我们绝不能买饭吃、讨饭吃，要确保谷物基本自给，口粮绝对安全。三是要坚持推动农业供给侧结构性改革。农业供给侧结构性改革的根本目的就是满足人民群众不断升级的美好生活需要，主攻方向就是优化农业生产结构，提高农产品供给质量。

只要粮食不出大问题，中国的事就稳得住。一个国家只有立足粮食基本自给，才能掌握粮食安全主动权。保障粮食安全，关键在于落实藏粮于地、藏粮于技战略，最关键的是种子和耕地。要深入实施种业振兴行动，加强种子库建设，开展种源"卡脖子"技术攻关，推动种业科技自立自强、种源自主可控，坚决把民族种业搞上去，用中国种子保障中国粮食安全。要坚决守住18亿亩耕地红线，落实最严格的耕地保护制度，持续推进高标准农田建设。要调动农民种粮积极性，稳定和加强种粮农民补贴，提升收储调控能力，坚持完善最低收购价政策。中央财政要从重大水利设施建设、中低产田改造、科技创新推广、信息化服务、市场体系完善、农产品质量安全、主产区转移支付等方面加强对粮食生产的支持。

（三）保障国家能源安全

能源安全已从保障国内能源供应的经济问题，成为一个涉及国家安全、国家利益和对外战略等多层面的国家战略问题。保障国家能源安全，必须推动能源生产和消费革命。必须坚持立足国内、补齐短板、多元保障、强化储备，完善产供储销体系，增强能源持续稳定供应和风险管控能力。一是推动能源消费革命，抑制不合理能源消费。坚决遏制化石能源消费，推进煤炭消费转型升级，有效落实节能优先方针，加强节能降耗，树立勤俭节约的消费观。二是推动能源供给革命，建立多元供应体系。坚持先立后破，通盘谋划，传统能源逐步退出必须建立在新能源安全可靠的替代基础上。扩大油气储备规模，加强煤炭储备能力建设。大力发展可再生能源，立足国内多元供应保安全，形成多轮驱动的能源供应体系。三是推动能源技术革命，带动产业升级。以绿色低碳为方向，把能源技术及其关联产业培育成带动我国产业升级的新增长点。四是推动能源体制革命，打通能源发展快车道。坚定不移推进改革，形成主要由市场决定能源价格的机制。五是全方位加强国际合作，实现开放条件下能源安全。推进"一带一路"能源合作，多元拓展油气进口来源，维护战略通道和关键节点安全。培育以我为主的交易中心和定价机制，积极推进人民币计价结算。

第三章

深入学习习近平经济思想

党的十八大以来，面对严峻复杂的国际形势和艰巨繁重的国内改革发展稳定任务，以习近平同志为核心的党中央高瞻远瞩、统揽全局、把握大势，提出一系列新理念新思想新战略，指导我国经济发展取得历史性成就、发生历史性变革，在实践中形成和发展了习近平经济思想。2017年中央经济工作会议首次提出习近平新时代中国特色社会主义经济思想，明确了"一个新发展理念"和"七个坚持"，即"坚持加强党对经济工作的集中统一领导；坚持以人民为中心的发展思想；坚持适应把握引领经济发展新常态，立足大局，把握规律；坚持使市场在资源配置中起决定性作用，更好发挥政府作用；坚持适应我国经济发展主要矛盾变化完善宏观调控，把推进供给侧结构性改革作为经济工作的主线；坚持问题导向部署经济发展新战略；坚持正确工作策略和方法，稳中求进"的理论框架。之后，习近平总书记又围绕实现高质量发展、建设现代化经济体系、构建新发展格局、统筹发展和安全等重大问题进行系统阐释，创造性地回答了新时代中国为什么发展、实现什么样的发展、怎样实现发展等基本问题。习近平经济思想是习近平新时代中国特色社会主义思想的重要组成部分，是中国共产党不懈探索社会主义经济发展道路形成的宝贵思想结晶，是马克思主义政治经济学与中国实践相结合的最新理论成果，使中国特色社会主义政治经济学更加成熟定型。我们要深入学习习近平经济思想，坚持加强党对经济工作的集中统一领导，把握新发展阶段，贯彻新发展理念，构建新发展格局，推动中国经济高质量发展。

一、深刻认识习近平经济思想的重大意义

经济工作是党和国家的中心工作，做好经济工作是党治国理政的重大任务。只要国内外大势没有发生根本变化，坚持以经济建设为中心就不能也不应该改变。这是党的基本路线一百年不动摇的根本要求，也是解决当代中国一切问题的根本要求。中国特色社会主义进入新时代，我国经济发展进入新常态，已由高速增长阶段转向高质量发展阶段。正是在习近平经济思想的科学指引下，我国经济建设取得重大成就，国家经济实力、科技实力、综合国力跃上新台阶，经济发展平衡性、协调性、可持续性明显增强，迈上更高质量、更有效率、更加公平、更可持续、更为安全的发展之路。

中国共产党自成立以来，始终把为中国人民谋幸福、为中华民族谋复兴作为自己的初心使命。党的十八大以来，以习近平同志为核心的党中央，对新中国成立以来特别是改革开放以来我国经济发展的实践成就和历史经验进行了全面分析和系统总结，对关系新时代经济发展的一系列重大理论和实践问题进行了深邃思考和科学研究，在继承和创新中国特色社会主义政治经济学的基础上，深入把握我国经济发展的基本规律、核心目标、重点任务，强调加强党对经济工作的全面领导，坚持以人民为中心的发展思想，坚持稳中求进工作总基调，坚持和完善社会主义基本经济制度，立足新发展阶段、贯彻新发展理念、构建新发展格局、推动高质量发展，统筹发展和安全，全面深化改革开放，促进全体人民共同富裕，深刻回答了我国经济发展的时代之问、人民之问、历史之问，书写了新时代中国特色社会主义经济发展的崭新篇章。

二、深入学习领会习近平经济思想的重要原创性贡献

习近平经济思想集中体现了我们党对经济发展规律特别是社会主义经济建设规律的深刻洞见,为丰富发展马克思主义政治经济学作出了重要原创性贡献。一是创造性地提出加强党对经济工作的全面领导的重大理论观点。党政军民学,东西南北中,党是领导一切的。经济工作是党的中心工作,党的领导当然要在中心工作中得到充分体现。二是创造性地提出坚持以人民为中心的发展思想。人民性是马克思主义最鲜明的品格,发展为了人民,这是马克思主义政治经济学的根本立场。人民对美好生活的向往就是我们的奋斗目标,要把促进全体人民共同富裕作为为人民谋幸福的着力点。三是创造性地提出树立和坚持创新、协调、绿色、开放、共享的新发展理念。发展理念很重要,是发展行动的先导,是管全局、管根本、管方向、管长远的东西。习近平总书记强调,贯彻新发展理念是新时代我国发展壮大的必由之路。完整、准确、全面贯彻新发展理念,是经济社会发展的工作要求,也是十分重要的政治要求。四是创造性地提出我国经济已由高速增长阶段转向高质量发展阶段的重大论断。适应把握引领新常态,是我国经济发展的大逻辑。我国经济已转向高质量发展阶段,经济社会发展必须以推动高质量发展为主题。五是创造性地提出推进完善社会主义市场经济体制的重要思想。党的十八届三中全会提出使市场在资源配置中起决定性作用,更好发挥政府作用。这是我们党对中国特色社会主义建设规律认识的一个新突破,标志着社会主义市场经济发展进入了一个新阶段。六是创造性地提出供给侧结构性改革的重大方针。推动高质量发展,必须坚持以推进供给侧结构性改革为主线。习近平总书记指出:"供给侧结构性改革,说到底最终目的是满足需求,主攻方向是提高供给质量,根本途径是深化改革。"[①]

[①] 中共中央宣传部、国家发展和改革委员会编:《习近平经济思想学习纲要》,人民出版社、学习出版社 2022 年版,第 65 页。

供给侧结构性改革是一场关系全局、关系长远的攻坚战，重在畅通国内大循环，重在突破供给约束堵点，重在打通生产、分配、流通、消费各环节。七是创造性地提出构建新发展格局的重大战略。构建以国内大循环为主体、国内国际双循环相互促进的新发展格局，是我国审时度势作出的重大决策，关键在于经济循环的畅通无阻。八是创造性地提出推动经济全球化健康发展的重要思想。习近平经济思想从构建人类命运共同体的战略高度出发，为引导经济全球化健康发展提供了中国方案、贡献了中国智慧。

三、深入理解中国经济从高速增长到高质量发展的转变

我国经济已转向高质量发展阶段，经济社会发展必须以推动高质量发展为主题。经济发展是一个螺旋式上升的过程，上升不是线性的，量积累到一定阶段，必须转向质的提升。这就要求我们必须把发展质量问题摆在更为突出的位置，着力提升发展质量和效益。

（一）适应把握引领中国经济新常态是高质量发展的大逻辑

科学认识当前形势，准确研判未来走势，是做好经济工作的基本前提。我国经济发展进入新常态，这是一个客观状态，是我国经济发展到一定阶段必然会出现的一种状态。适应把握引领新常态，是我国经济发展的大逻辑。我国经济发展进入新常态之后，呈现出以下特征。

1. 速度换挡

由原来的高速增长降为中高速增长。一个国家经济增速最快的时期往往是工业化的初、中期，到了工业化的中、后期，增长的基数不一样了，增长的速度通常会降下来。因此，不是经济发展速度快一点，形势就"好得很"，也不是经济发展速度慢一点，形势就"糟得很"，经济发展速度有升有降是正常的。2021年，我国的GDP达到114万亿元，1个百分点的增量就是1万多亿元，这是一个庞大的规模。今天1个百分点的增量，相当于2000年至2010年2个百分点的增量，相当于2010

年至 2015 年 1.5 个百分点的增量。

2. 方式转换

由原来注重规模速度的粗放型增长转为更加注重效率的集约型增长。如果看不到甚至不愿承认新变化、新情况、新问题，仍然想着过去的粗放型高速发展，习惯于铺摊子、上项目，就跟不上形势了。用老的办法，即使暂时把速度抬上去了也不会持久，反而会使发展中的矛盾和问题进一步积累、激化，最后爆发。从消费需求看，"你有我有全都有"的"羊群效应"没有了，模仿型排浪式消费阶段基本结束，消费拉开档次，个性化、多样化消费渐成主流，保证产品质量安全、通过创新供给激活需求的重要性显著上升。我们必须准确认识、深入认识、全面认识发展方式的转换，顺势而为、乘势而上，更加自觉地坚持以提高经济发展质量和效益为中心，更加注重满足人民群众不断升级的美好生活需要。

3. 结构优化

由原来一味地增量扩能向调整存量、做优增量转变。我国经济正在向形态更高级、分工更复杂、结构更合理的阶段演化，需要大力推进经济结构战略性调整，更加注重市场和消费心理分析，更加注重引导社会预期，更加注重加强产权和知识产权保护，更加注重发挥企业家才能，更加注重加强教育和提升人力资本素质。经济结构调整是痛苦的，却是不得不过的关口。经济发展动力需要从传统增长点转向新的增长点，这是我国经济发展阶段性特征的必然反映，是不以人的意志为转移的。

4. 动力转换

由政府驱动型转为市场导向型，由劳动密集型转为技术密集型，由外需拉动型转为内需驱动型，由投资驱动型转为创新驱动型。在"一穷二白"的年代，政府尚能配置资源，至少还能"要想富，先修路"。但发展到今天，再让政府去配置资源，就有点强人所难了。即使在十年之前，让政府绞尽脑汁"苦思冥想"，也不可能想到今天老百姓出门的时候既不用带钱包，也不用带银行卡，只要带个手机就够了；也不可能想到今天老百姓既不用在自己家里做饭，也不用"下馆子"，居然还饿不着肚子；更不可能想到今天的汽车不用油就能跑，不用人就能开。这些事情得让市场去想，因为市场是在"真金白银"地投入，最具有敏锐性。从人力资源相对优势来看，过去，我们有源源不断的新生劳动力和农业富余劳动力，劳动力成本低是最大优势。现在，人口老龄化日趋发展，劳动年龄人口总量下降，农业富余劳动力减少，发展劳动密集型产业的优势不再明显。许多东南亚国家的劳动力低成本优势比我国更加明显，这就需要我们转向发展技术密集型产业。过去，我们依靠国际大循环来带动国内循环，净出口对经济增长的贡献率较高，属于典型的"外需拉动型"发展模式。现在，我国已经是一百多万亿的"大块头"，还有哪个外需市场能拉得动我们呢？美国市场拉不动，欧洲市场拉不动，日韩东盟也拉不动，亚非拉兄弟同样拉不动，我们这个"大块头"要想继续往前走，只能靠自己的大市场。更何况，今天"逆全球化"思潮涌动，贸易保护主义、单边主义抬头，迫切需要我们从外需拉动型转向内需驱动型。过去，总需求增长潜在空间大，投资乘数较高，实行凯恩斯主义的办法就能有效刺激经济发展，依靠投资刺激经济增长成为我们的惯用模式。今天，基础设施中的短板明显减少，投资乘数在不断降低，全面刺激政策的边际效果明显递减。同时，各类隐性风险逐步显性化，地方政府性债务、影子银行、房地产等领域风险正在显露，再靠投资拉动经济，面临的最直接问题就是"钱从哪儿来"。要么发债，要么发货币，前者的结果是债务危机，后者的结果是货币危机。

（二）深刻理解我国社会主要矛盾的变化

我国社会主要矛盾已经转化为人民日益增长的美好生活需要和不平衡不充分的发展之间的矛盾。为了更好理解社会主要矛盾，应该从供需角度来分析。我国社会主要矛盾发生了重大变化，经济发展阶段也在发生历史性变化，不平衡不充分的发展就是发展质量不高的表现，发展不平衡不充分主要是从供给角度来讲的。发展不平衡，包括各区域各领域各方面存在失衡现象，制约了整体发展水平提升。发展不充分，主要是指我国全面实现社会主义现代化还有相当长的路要走，发展任务仍然很重，创新能力不适应高质量发展要求。人民日益增长的美好生活需要主要是从需求角度来讲的。我国长期所处的短缺经济和供给不足的状况已经发生根本性改变，今天老百姓需要的不一样了，过去是有没有，今天是好不好；过去是求生存，今天是要生活；过去是求温饱，今天是要环保；过去只知道低下头，看看碗里有几粒米、几块肉，今天更喜欢抬起头，看一看蓝天白云、繁星闪烁，因为青山就是美丽，蓝天也是幸福；过去发愁的是怎么能吃饱肚子，今天发愁的是怎么能做到"光吃不胖"。这就要求我们大力推进供给侧结构性改革，不断提高包括生态环境和绿色食品在内的各类供给的质量，让老百姓呼吸上新鲜的空气、喝上干净的水、吃上放心的食物、生活在宜居的环境中，让供给更好满足需求。人民对美好生活的向往总体上呈现多样化、多层次、多方面的特点，其中有很多需求在过去并不是紧迫的问题，现在人民群众要求高了，我们对这些问题的认识和工作水平也要相应提高。我们要坚持在发展中保障和改善民生，解决好人民最关心最直接最现实的利益问题，更好满足人民对美好生活的向往。

既然是社会主要矛盾的反映，解决起来就不可能一蹴而就，必须既积极有为又持之以恒努力。解决我国社会的主要矛盾，必须推动高质量发展。我们要重视量的发展，更要重视解决质的问题，在质的大幅提升中实现量的有效增长。要按照高质量发展的各项要求，紧扣我国社会主要矛盾变化，统筹推进经济建设、政治建设、文化建设、社会建设、生态文明建设，坚定实施科教兴国战略、人才强国战略、创新驱动发展战略、乡村振兴战略、区域协调发展战略、可持续发展战略、军民融合发展战略，突出抓重点、补短板、强弱项。

一段时期里，我国一些消费需求在国内得不到有效供给，消费者将很多钞票花在"海淘"购物上。而近些年，我们的国货品质明显提升，"舌尖上的安全"也得到了更好的守护。中央提出把供给侧结构性改革作为经济工作的主线，就是要更好满足人民群众日益增长的美好生活需要，让国内供给更好满足国内需求。

（三）高质量发展的具体内涵

"十四五"时期经济社会发展要以推动高质量发展为主题，这是根据我国发展阶段、发展环境、发展条件变化作出的科学判断。我国仍处于并将长期处于社会主义初级阶段，这是我国的基本国情，并没有变。虽然我国进入新发展阶段，但仍然处于社会主义初级阶段。我国仍然是世界上最大的发展中国家，这是我国基本的国际地位，同样没有变。因此，发展是我们党执政兴国的第一要务。新时代新阶段的发展必须贯彻新发展理念，必须高质量发展。

高质量发展，是能够很好满足人民日益增长的美好生活需要的发展，是体现新发展理念的发展，是创新成为第一动力、协调成为内生特点、绿色成为普遍形态、开放成为必由之路、共享成为根本目的的发展。高质量发展的具体内涵，可以从以下几个角度进行理解。从供给看，高质量发展应当具有一个体系和四个能力，即比较完备的产业体系，强大的创新力、品牌影响力、核心竞争力和需求捕捉力。从需求看，高质量发展就是要满足人民群众个性化、多样化、不断升级的美好生活需要。从投入产出看，高质量发展应该不断提高劳动效率、资本效率、土地效率、资源效率、环境效率、科技进步贡献率、全要素生产率。值得注意的是，并不只有造芯片才算是高质量发展，各行各业能够提升这"七个率"的发展都是高质量发展。从分配看，高质量发展应该实现投资有回报、企业有利润、员工有收入、政府有税收，并且充分反映各自按市场评价的贡献。如果投资没有回报，贷的款、借的债就无法偿还，形成一堆坏账，对企业而言是财务风险，对国家而言是金融风险。作为企业，必须盈利，否则员工收入和政府税收都无从谈起。从宏观经济循环看，高质量发展应该实现生产、分配、流通、消费循环畅通。构建新发展格局就是从循环畅通的角度考虑的。这里的每一个环节都很重要，如果生产出来的不是老百姓想要的，那么这个经济系统是无法循环的；如果老百姓想要的生产端无法提供，那么这个经济系统同样是无法循环的。分配同样重要，如果由于分配不公导致普遍的"富者累巨万，贫者食糟糠"，那么这个经济系统也无法健康循环。

实现高质量发展，必须依靠创新驱动的内涵型增长。我们更要大力提升自主创新能力，尽快突破关键核心技术。这是关系我国发展全局的重大问题，也是形成以国内大循环为主体的关键。高质量发展不但是经济要求，而且是对社会发展方方面面的总要求，经济、文化、社会、生态等各领域都要体现高质量发展。高质量发展不是只对经济发达地区的要求，而是所有地区都必须贯彻的要求。每一个地区都要因地制宜找到适合自身的高质量发展之路。高质量发展不是一时一事的要求，而是必须长期坚持的要求。

四、深入领会供给侧结构性改革思想及其实践渊源

党的二十大报告总结了新时代十年的伟大变革。十年来，我们提出并贯彻新发展理念，着力推动高质量发展，推动构建新发展格局，实施供给侧结构性改革，制定一系列具有全局性意义的区域重大战略，我国经济实力实现历史性跃升。早在2015年，习近平总书记就强调着力加强供给侧结构性改革，之后又要求把推进供给侧结构性改革作为当前和今后一个时期经济发展和经济工作的主线。党的二十大报告再一次强调供给侧结构性改革，指出"我们要坚持以推动高质量发展为主题，把实施扩大内需战略同深化供给侧结构性改革有机结合起来"。供给侧结构性改革、需求侧管理及二者关系，不仅是习近平经济思想演绎和发展的主要范畴和"枢纽"，还是理解以人民为中心的发展思想、新发展理念、高质量发展、建设现代化经济体系、构建新发展格局、统筹发展和安全等一系列理论问题的"钥匙"，而且是新时代推动经济高质量发展的工作主线。习近平总书记指出："我们讲的供给侧结构性改革，同西方经济学的供给学派不是一回事，不能把供给侧结构性改革看成是西方供给学派的翻版。"[①] 供给侧结构性改革强调供给和需求对立统一的辩证关

---

① 《习近平谈治国理政》（第二卷），外文出版社2017年版，第251页。

系,不是割裂供给和需求;追求的是结构平衡,而不仅仅是总量平衡;既突出发展社会生产力又注重完善生产关系,根本目的是使我国供给能力更好满足广大人民日益增长、不断升级和个性化的物质文化和生态环境需要,从而实现社会主义生产目的。供给侧结构性改革思想的形成不仅有着深厚的理论基础,也有着丰富的实践基础,与该思想的主要创立者习近平总书记本人的个人经历和从政实践有着密切的关系。毛泽东主席曾经说过:"人的正确思想是从哪里来的?是从天上掉下来的吗?不是。是自己头脑里固有的吗?不是。人的正确思想,只能从社会实践中来,只能从社会的生产斗争、阶级斗争和科学实验这三项实践中来。"[1] 习近平总书记在正定、福建、浙江和上海工作期间,先后提出"发展'半城郊型'经济的二十字方针""'六个始终坚持'和'正确处理好五个关系'""凤凰涅槃、腾笼换鸟"等一系列科学论断,构成了供给侧结构性改革思想的源头活水,供给侧结构性改革思想与之既一脉相承、前后衔接,更有新的发展、巨大飞跃。

(一)燕赵大地的为民情怀形成供给侧结构性改革的出发点

1982年3月,29岁的习近平到河北正定县工作,写下自己从政经历的第一笔。为了让百姓吃饱肚子,他勇于担当,摘掉"高产穷县"的帽子,减少粮食种植、增加棉花种植,增加老百姓收入;为了让正定经济起飞,他带领正定走上"半城郊型"经济发展的新路子;为了开发旅游业,他多方筹资建起荣国府。在今天看来,习近平在正定做的这些事情构成了供给侧结构性改革的实践基础。做这些事情的出发点,正是"见不得百姓受苦"的为民情怀。

1. 从"减少粮食种植、增加棉花种植"到"去除没有需求的无效供给、创造适应新需求的有效供给"

20世纪70年代初,正定成为我国北方地区第一个粮食亩产"过黄河""跨长江"的高产县,是全国"农业学大寨"的先进典型。习近平

---

[1] 《毛泽东文集》(第八卷),人民出版社1999年版,第320页。

| 本领

经过一段时间的基层调研，发现实际情况并非如此，正定的首要问题是粮食不够吃，老百姓普遍反映：一年干下来，从年头吃不到年尾。老百姓交完征购，再扣除种子、饲料等，留下的口粮远不够填饱肚子。由于保征购是政治任务，必须完成，地里只能上茬小麦下茬玉米，无法播种经济作物。光靠种粮食，老百姓的收入很低。1981年底，全县人均收入仅140多元。经过调研的习近平对正定县的经济结构进行了分析：经济上农业单打一，农业上粮食单打一。有了这个分析之后，习近平一方面向上级反映，减少全县粮食征购任务；另一方面积极调整经济结构，具体来看，就是扩大经济作物种植面积，想方设法增加老百姓收入。正定县棉花种植面积大幅增加，同时还增加种植林果、花生、瓜菜等经济效益好的作物。通过这样的"一减一增"，1983年正定县农村人均收入达到358元。

党的十八大以来，正定的"一减一增"已经发展为推进供给侧结构性改革的重要抓手，即深入推进"三去一降一补"，处理好"减法"和"加法"的关系。习近平总书记讲道：做减法，就是减少低端供给和无效供给，去产能、去库存、去杠杆，为经济发展留出新空间。做加法，就是扩大有效供给和中高端供给，补短板、惠民生，加快发展新技术、新产业、新产品，为经济增长培育新动力。[①] 近年来，我国在处理"减法"和"加法"的实践过程中已经取得了较大成就。在减法方面，我国不断淘汰水泥、平板玻璃等落后产能，并以钢铁、煤炭等行业为重点加大去产能力度；在加法方面，加大补短板力度，加快新旧发展动能接续转换，深入开展"互联网＋"行动，推动大数据、物联网广泛应用，新兴产业蓬勃发展，传统产业不断升级。

2. 从发展"投其所好，供其所需"的"半城郊型"经济到提高供给结构对需求变化的适应性

正定南部和西部与石家庄市接壤，县政府距离石家庄市15千米，

[①]《把改善供给侧结构作为主攻方向　推动经济朝着更高质量方向发展》，《人民日报》2017年1月23日。

习近平认识到毗邻省城发展商品生产得天独厚的条件,学习了"城郊型"经济发展经验,提出正定要发展"半城郊型"经济的新路子。习近平提出了"半城郊型"经济的概念,也给出了解释:"所谓'半城郊型'经济,顾名思义就是它既具有'城郊型'经济依托于城市、商品生产比较发达、城乡联系比较密切、工农结合比较紧密的某些特点,又具有一般农村经济的某些特点,是两类经济结合的中间型经济。"① 发展"半城郊型"经济,就是要摆脱"小农业"思想的局限和束缚,树立社会主义大农业思想,建立合理的、平衡发展的经济结构,为正定找到经济腾飞的新路。"半城郊型"经济的本质就是习近平总结出的"二十字经":"投其所好,供其所需,取其所长,补其所短,应其所变"②。这里的"其"指城市需求,既包括石家庄的需求,也包括北京和天津的需求,还包括山西、内蒙古以至全国的需求。正如习近平在县委工作会议上所讲"要通过多种渠道,扩大和争取市场,主攻石市,挤入京津,咬住晋蒙,冲向全国"③。"半城郊型"经济既为城市服务,又掏城市腰包,在服务中发展自己。不难发现,党的十八大之后供给侧结构性改革的思路与之是一脉相承的。

党的十八大以来,习近平总书记强调要从供给侧结构性改革上想办法、定政策,打通供需渠道,实现供需关系新的动态平衡。习近平总书记之所以反复强调供给侧和结构性,原因就在于我国实体经济结构供需失衡。我国供给体系产能十分强大,在全球的供应链和产业链中占据重要地位,是全球的制造业大国,但大多数产品只能满足中低端、低质量、低价格的需求。随着我国消费结构的不断升级,这样的低端产品已无法满足老百姓对美好生活的需要,这样的供给结构很不适应需求新变化,结果就是老百姓不再需要的低质量产品供给过剩,需要的高质量产品供给不足。因此,我国的主要问题不是需求不足或没有需求,而是需

---

① 习近平:《知之深 爱之切》,河北人民出版社2015年版,第122页。
② 《"真刀真枪干一场"——习近平总书记在河北正定工作的难忘岁月(二)》,《河北日报》2017年8月21日。
③ 习近平:《知之深 爱之切》,河北人民出版社2015年版,第125页。

求变了，供给的产品却没有变，供给的质量和服务满足不了需求。结果就导致大量"海淘"现象出现，消费能力严重外流。解决这些结构性问题，必须推进供给侧结构性改革。

3. 从投资建设荣国府、发展旅游业到不断满足人民群众个性化、多样化、不断升级的需求

正定是我国北方著名的文化古城，习近平一直在酝酿着如何在正定发展旅游业，计划将正定建成距石家庄市最近的旅游窗口。听闻《红楼梦》剧组有意在北京周边选址搭建荣国府和宁荣街，习近平敏锐地意识到，正定的机会来了。在与剧组沟通后，对方同意荣国府和宁荣街选址正定。习近平看得长远，提出应把荣国府建成永久建筑，为正定留下一处永久性的旅游景点。在全县三级干部大会上，习近平讲道："要用发展的眼光看旅游、长远的眼光看发展，不能只盯着眼前。南方有些地区发展旅游业，带动了第三产业的发展。"[①] 在电视剧《红楼梦》拍摄的过程中，荣国府吸引来大批游客。开放当年，荣国府门票收入达221万元，旅游总收入达1768万元，极大地带动了正定旅游业发展，创下了旅游业的"正定模式"。习近平在正定建造荣国府、发展旅游业，就是提前看到了老百姓对旅游业的需求，因此抓住了"商机"，这同样与供给侧结构性改革一脉相承。

供给侧结构性改革的根本目的是提高供给质量满足需求，使供给能力更好满足人民群众日益增长的美好生活需要，基本举措是转换发展思路，调整经济结构。习近平总书记强调："高质量发展应该不断满足人民群众个性化、多样化、不断升级的需求，这种需求又引领供给体系和结构的变化，供给变革又不断催生新的需求。"[②] 党的十八大以来，我国不断发展壮大新动能，做大做强新产业集群，加强新一代人工智能研发应用，大力发展和提升医疗、养老、教育、文化、体育等产业，加快

[①] 《"真刀真枪干一场"——习近平总书记在河北正定工作的难忘岁月（二）》，《河北日报》2017年8月21日。

[②] 中共中央党史和文献研究院编：《十九大以来重要文献选编（上）》，中央文献出版社2019年版，第139页。

发展现代服务业，目的就是让我国的供给结构能够满足人民群众的需要。

（二）六年七下晋江形成的"晋江经验"与供给侧结构性改革一脉相承

习近平任福建省委副书记和福建省省长的 6 年里，7 次到晋江调研，形成了"晋江经验"。"晋江经验"是晋江人民对中国特色社会主义道路的大胆探索和成功实践，也是供给侧结构性改革的"源头活水"。"晋江经验"的本质就是"六个始终坚持"和"正确处理好五个关系"：始终坚持以发展社会生产力为改革和发展的根本方向，始终坚持以市场为导向发展经济，始终坚持在顽强拼搏中取胜，始终坚持以诚信促进市场经济的健康发展，始终坚持立足本地优势和选择符合自身条件的最佳方式加快经济发展，始终坚持加强政府对市场经济的引导和服务；处理好有形通道和无形通道的关系，处理好发展中小企业和大企业之间的关系，处理好发展高新技术产业和传统产业的关系，处理好工业化和城市化的关系，处理好发展市场经济与建设新型服务型政府之间的关系。从本质上来看，"六个始终坚持"和"正确处理好五个关系"与供给侧结构性改革的核心要义是高度一致的。

1. 从以质量、品牌和创新为抓手到推动中国经济高质量发展

时任福建省省长的习近平在晋江调研企业的过程中，最关心的问题就是企业有没有引进新技术，有没有开发新产品，市场是怎么开拓的，企业要怎样才能做大。在今天看来，这些问题就是供给侧结构性改革所要解决的问题。供给侧结构性改革要以市场为导向发展经济，目的是满足市场的需求。2001 年的晋江，品牌意识、创新意识还非常欠缺，绝大多数企业没有自己的品牌，主要是在做"代工"。习近平在调研安踏时，对企业发展提出了三点要求：把好质量关，创出自己的品牌，要有自己的创新产品。不难看出，当时给安踏提出的这三点要求与今天供给侧结构性改革的要求是高度一致的。经过多年的努力，创新和品牌已成为安踏企业战略中的重要元素，也是安踏崛起的关键所在。紧跟安踏之后，晋江的企业纷纷打出自己的品牌。晋江企业的成长轨迹，既是"六个始终坚持"和"正确处理好五个关系"的产物，也是供给侧结构性改革前期探索的成果。

党的十八大之后，习近平总书记强调供给侧结构性改革的主攻方向是提高供给质量。通过减少无效供给、扩大有效供给，着力提高整个供给体系的质量，提高供给结构对需求结构的适应性。如何提高供给体系的质量？习近平在福建工作时就给出了答案：以质量、品牌和创新为抓手，树立质量第一的强烈意识。只有不断扩大高质量产品和服务供给，不断提高各种产品的质量和水平，才能实现供给体系由中低端产品为主向不断适应需求变化的中高端产品为主转变。全面提高产品和服务质量是提升供给体系的中心任务。如果我们的老百姓连奶粉、马桶盖、电饭煲都要到国外去购买，那就说明我国的供给结构存在严重问题。因为这些产品是国内能生产，而且市场供应很充足的，但问题在于产品的质量不达标，满足不了老百姓需求。所以，习近平总书记要求下最大气力抓全面提高质量，开展质量提升行动，提高质量标准，加强全面质量管理，发扬"工匠精神"，加强品牌建设，培育更多"百年老店"，增强产品竞争力，这些都是供给侧结构性改革和高质量发展的核心要义。

2. 从与企业家建立"君子之交"到民营企业家是我们自己人

福建企业家素有"敢为天下先""爱拼才会赢"的开拓创新精神。2001年3月24日，时任省长的习近平参加省企业家活动日时讲道，"我们要理解企业家、尊重企业家、爱护企业家、支持企业家"[①]，让在场的企业家深受感动。2014年，恰逢"松绑放权"30周年，习近平在北京给福建企业家回信，肯定1984年的呼吁信是经济体制改革的一段佳话。习近平提出干部要与企业家建立"君子之交"的关系，成为事业上的"诤友"。企业家的事，习近平特别上心，为了解决企业办理手续烦琐、时间长的问题，他要求所有职能部门集中在一起，成立行政服务

---

① 参见《改革争先　击水中流——习近平总书记在福建的探索与实践·改革篇》，《福建日报》2017年7月17日。

中心，限定时间办理企业的事情。

经济发展和供给侧结构性改革都离不开企业家。供给侧结构性改革的根本途径是深化改革，就是要完善市场在资源配置中起决定性作用的体制机制。让市场在资源配置中起决定性作用，就是让企业、企业家在资源配置中起决定性作用。2018年11月1日，习近平在民营企业座谈会上讲道，"民营企业和民营企业家是我们自己人。民营经济是社会主义市场经济发展的重要成果，是推动社会主义市场经济发展的重要力量，是推进供给侧结构性改革、推动高质量发展、建设现代化经济体系的重要主体"[①]。

3. 从建设服务型政府到更好发挥政府作用

20世纪90年代初，针对外商投资的审批慢、审批难，在时任福州市委书记习近平的倡导下，福州实行投资项目审批"一栋楼办公"，各部门办事窗口集中于一栋楼，全部手续不用出楼即可办成。从"一栋楼办公"推开，福州出台了一系列下放审批权限、简化审批手续、提高办事效率的举措。习近平反复强调，要把能放的、该放的权都坚决果断地放下去，真正做到放胆、放权、放手、放活。[②] 在习近平的推动下，当时福州的政府机关作风焕然一新。2000年，时任福建省省长的习近平，亲自担任省机关效能建设领导小组组长，在全国率先推进服务型政府建设。

使市场在资源配置中起决定性作用和更好发挥政府作用，是推进供给侧结构性改革的重大原则。市场作用和政府作用是相辅相成、相互促进、互为补充的。习近平总书记强调：发挥政府作用，不是简单下达行政命令，要在尊重市场规律的基础上，用改革激发市场活力，用政策引导市场预期，用规划明确投资方向，用法治规范市场行为。[③] 更好发挥

---

① 习近平：《论坚持全面深化改革》，中央文献出版社2018年版，第481页。
② 参见《改革争先　击水中流——习近平总书记在福建的探索与实践·改革篇》，《福建日报》2017年7月17日。
③ 参见《把改善供给侧结构作为主攻方向　推动经济朝着更高质量方向发展》，《人民日报》2017年1月23日。

政府作用，就要切实转变政府职能，履行好政府的职责，分清楚哪些事情是政府该管的，哪些事情是政府该放的，排除要素市场化配置的障碍，降低制度性交易成本。更好发挥政府作用，就要持续深化"放管服"改革，目的就是解决长期存在的重审批、轻监管、弱服务的问题，持续改善营商环境，增强政务服务的便利性。这与在福建推动的"一栋楼办公"是一脉相承的。

4. 从治理"八个部门管不好一头猪"到守护"舌尖上的安全"

2001年，习近平在福建打响全国治理餐桌污染的第一战。他讲道："人民关心的事情就是我们关心的事情，人民群众不放心的事情、不满意的事情就是我们的过失所在！""餐桌污染问题若得不到解决，我们就无法向全省人民交代，就意味着失职。"[①] 食品安全事关人民群众身体健康和生活安全，保障食品安全是一场"民生战役"，打赢这场战役需要有改革魄力、首创精神和为民情怀。时任福建省省长习近平曾在会上提出这样一个疑问：为何八个部门管不好一头猪？他认为问题出在体制机制上，并着力于治理工作的整体性和系统性。省政府建立起由23个部门组成的治理餐桌污染、建设食品放心工程联席会议，目的就是打破部门藩篱，统筹推进，建立从田头到餐桌的全程监管体系。一头猪从"八个部门管不好"到管出安全、管出放心，凸显综合协调机制的作用，是更好发挥政府作用的例证。保障食品安全，是提高食品供给质量的底线，更是守护人民利益的底线。在这方面，政府责无旁贷。

党的十八大之后，习近平总书记强调："当前，老百姓对农产品供给的最大关切是吃得安心、吃得放心。农业供给侧结构性改革要围绕这个问题多做文章。要把增加绿色优质农产品供给放在突出位置，狠抓农产品标准化生产、品牌创建、质量安全监管，推动优胜劣汰、质量兴农。"[②] 食品安全是底线要求，老百姓"舌尖上的安全"需要加强源头治理、健全监管体制才能实现，农业供给侧结构性改革就是要打造高品

---

① 《改革争先　击水中流——习近平总书记在福建的探索与实践·改革篇》，《福建日报》2017年7月17日。
② 习近平：《论坚持全面深化改革》，中央文献出版社2018年版，第304页。

质、有口碑的农业"金字招牌",实现质量兴农,走农业特色化、优质化、品牌化的道路。

（三）"干在实处、走在前列、勇立潮头"的"八八战略"是供给侧结构性改革思想的源头活水

浙江是习近平新时代中国特色社会主义经济思想的重要萌发地。习近平总书记在浙江工作期间,先后提出了"八八战略"总方略和"绿水青山就是金山银山""凤凰涅槃、腾笼换鸟"等科学论断,这些方略和论断成为推动浙江经济发展的主战略,也为供给侧结构性改革积攒了丰富的实践经验,构成了供给侧结构性改革思想的源头活水。

1. 从浙江经济的新阶段到中国经济的新常态

早在 2004 年,在浙江工作的习近平就指出:"我们已进入新的发展阶段,现在的发展不仅仅是为了解决温饱,而是为了加快全面建设小康社会、提前基本实现现代化;不能光追求速度,而应该追求速度、质量、效益的统一;不能盲目发展,污染环境,给后人留下沉重负担,而要按照统筹人与自然和谐发展的要求,做好人口、资源、环境工作。"关于领导干部普遍关心的政绩——GDP,习近平强调要看 GDP,但不能唯 GDP,还提出"我们既要 GDP,又要绿色 GDP"。[①] 总结习近平在浙江工作期间的经济发展观,包括以下几个方面:一是强调发展是以人为本的全面发展。发展不能再走老路,要做到城乡协调、地区协调,不能一味地粗放型增长,最后断送了子孙的后路;而要探索一条可持续发展的现代化道路,建设资源节约型社会,这对既是资源小省又是经济大省的浙江省来说意义重大。二是强调经济发展要坚守生态底线。习近平在浙江工作期间就看到,浙江如果走传统的经济发展道路,环境的承载将不堪重负,是一种不可持续的发展。他强调经济增长不等于经济发展,经济发展不单纯是速度的发展,更不能以牺牲生态环境为代价。发展的目的是社会的全面进步和人民生活水平的不断提高,这就要求发展

---

① 习近平:《之江新语》,浙江人民出版社 2007 年版,第 37 页。

的过程要坚守生态的底线，抓好生态建设，既要追求人与自然的和谐相处，又要实现经济发展与生态建设的双赢。三是强调品牌战略。在打造品牌方面，他明确指出品牌就是效益，就是竞争力，就是附加值，要求浙江省要培育更多的中国驰名商标和名牌产品，努力打造"品牌大省"。四是强调新经济业态的重要性。习近平在2003年就提出，"数字浙江是全面推进我省国民经济和社会信息化、以信息化带动工业化的基础性工程"，并将"数字浙江"建设列为"八八战略"的重要内容。① 浙江历届省委紧紧抓住数字产业变革的重大机遇，将以互联网为核心的数字经济作为主要抓手，在2017年底明确提出"把数字经济作为'一号工程'来抓"，加快步伐迈进依靠数字经济驱动发展的新阶段，构建以数字经济驱动新经济的现代化经济体系，助力浙江经济高质量发展。五是强调将服务业培育壮大为"主动力产业"。按照配第-克拉克定理②，随着人民生活水平的提高，产业发展的重心必然由第一产业转向第二产业，再由第二产业转向第三产业。习近平指出，加快发展服务业，是顺应经济发展规律、推进增长转型的客观要求。浙江省要把服务业发展与先进制造业基地建设结合起来，推动物流、金融、中介、软件和信息等与生产密切相关的现代服务业发展，让服务业成为制造业的助推器。

作为习近平经济思想的萌发地，浙江一直处在中国经济发展的前沿，创造了全国瞩目的浙江现象、浙江经验。与此同时，走在前列的先发境遇，也使浙江面临"先成长先烦恼"的困境，率先感受到了转变经济发展的迫切性。习近平在浙江工作期间提出的新思路、拓展的新空间，就是为了解决浙江所遭遇的"成长的烦恼"。中国经济经过多年的高速发展，浙江曾经面临的新问题和新挑战在全国逐步成为共性问题。党的十八大之后，习近平总书记作出了我国经济进入新常态的重大判

---

① 参见中共浙江省委宣传部：《党员学习参考》，浙江人民出版社2019年版，第119页。
② 产业结构理论中，配第-克拉克定理表述如下：随着经济的发展，人均国民收入水平的提高，第一产业国民收入和劳动力的相对比重逐渐下降，第二产业国民收入和劳动力的相对比重上升，经济进一步发展，第三产业国民收入和劳动力的相对比重也开始上升。

断，总结了新常态下我国经济发展的主要特点：一是增长速度从高速转向了中高速，二是发展方式从规模速度型转向质量效率型，三是经济结构调整从增量扩能为主转向调整存量、做优增量并举，四是发展动力从主要依靠资源和低成本劳动力等要素投入转向创新驱动。而且要求把适应新常态、把握新常态、引领新常态作为贯穿发展全局和全过程的大逻辑。新常态出现的这些变化，是我国经济向形态更高级、分工更优化、结构更合理的阶段演进的必经过程，是我国经济由大变强的必经阶段，是我国建设现代化经济体系并实现高质量发展的重要机遇。为什么会出现这些变化？在改革开放之前，我国的经济规模非常小，可谓"瘦得皮包骨头"，经过改革开放40多年的发展，我国的经济总量已经成为一个"大块头"，但现在的问题是这个"大块头""肥而不壮"，所以接下来的任务就是强身健体，变得更强壮一些。这就要求接下来的发展应该是有质量、有效益、可持续的发展，应该是以提高全要素生产率和资源配置效率为支撑的发展，应该是更加关注经济发展的质量和效益而不是经济增长速度的发展。从消费需求看，个性化、多样化、高质量消费成为主流；从投资需求看，新技术、新产品、新业态、新商业模式的投资机会大量涌现；从要素投入看，经济增长需要更多依靠人力资源、技术进步和创新驱动；从市场竞争特点看，更加关注质量和科技含量；从资源环境约束看，环境承载能力已经达到或接近上限，人民群众对清新空气、清澈水质等生态的需求越来越迫切；从防范风险的角度看，地方政府隐性债务、影子银行、房地产等领域风险正在显露。面对这些新问题，需要我们调整经济发展的思路，实施创新驱动发展战略，加快转变经济发展方式，切实转换经济发展动力。

2. 从"凤凰涅槃、腾笼换鸟"到用改革的办法推进结构调整

习近平在2005年4月18日召开的浙江省委常委会一季度经济形势分析会上讲道，"效益增幅下滑问题，实际上还是一个结构性问题，有的是客观造成的，有的是调整中必然出现的，存量在减少，增量还没有补上来。要改变这种状况，从长期看，关键还是调整产业结构，宜轻则

轻，宜重则重，加快传统产业技术改造，大力发展高技术产业"[1]。如何调整浙江省的产业结构，总结习近平在浙江工作期间的多次论述，关键就是应用辩证思维，处理好三个"两"。一是养好"两只鸟"：一只是"凤凰涅槃"，另一只是"腾笼换鸟"。所谓"凤凰涅槃"，就是变制造为创造，变贴牌为创牌，实现产业和企业的浴火重生、脱胎换骨，提高企业的科技含量和竞争力。事实证明，科技创新是驱动转型升级的核心动力。所谓"腾笼换鸟"，就是积极参与全国的区域合作和交流，为浙江的产业高度化腾出发展空间。总之，就是要培育和引进吃得少、产蛋多、飞得高的"俊鸟"。[2] 二是用"两条腿"走路：内资和外资。而且特别强调内资要"走出去"，外资要"引进来"。鼓励和支持有条件的企业、市场向境外拓展，积极开展国际经济技术合作，同时也要向国内其他区域"走出去"。"引进来"的包括国内外大院名所、先进技术和优秀人才，为我所用。三是用好"两只手"：市场这只"无形的手"和政府这只"有形的手"。市场取向是激发转型升级的最有力武器。实践表明，在市场经济条件下，企业直接面向市场，处在创新第一线，为了更好地满足市场需求以实现经济效益最大化，企业进行创新和推动产业转型的动力最大、意愿最强，因此企业既是自主创新的主体力量，也是推动结构调整的主体力量。国际经验也表明，只有充分发挥企业的创新主体作用，并让企业从创新中获得巨大收益，才能真正实现创新驱动，真正提高一个国家的创新能力。同时，政府要有所为有所不为，尊重群众的首创精神，创造一个公平、法治、竞争、合作的创新创业环境，营造一种敢为人先、敢冒风险、勇于探索、宽容失败的政策和文化氛围，增强企业创新和转型的动力，解决后顾之忧。十几年来，浙江省沿着上述调整产业结构的思路，一年接着一年干，一以贯之地坚持和续写"八八战略"这篇大文章，以"拆、治、归"为核心的组合拳努力推进供给侧结构性改革：以"三改一拆"撬动转型升级，以"五水共治"倒逼转型升

---

[1] 习近平：《干在实处 走在前列》，中共中央党校出版社 2006 年版，第 127 页。
[2] 参见习近平：《干在实处 走在前列》，中共中央党校出版社 2006 年版。

级,以"浙商回归"提升转型升级。这套组合拳打出了绿水青山和金山银山,打出了经济发展的大空间,打出了人民群众的美好生活,使浙江在产业转型升级方面走在了全国的前列。

习近平在浙江工作期间关于经济结构调整的一系列思路,与党的十八大以来的供给侧结构性改革同样是一脉相承的。当前,供给侧结构性改革已成为整个经济工作的主线,这项改革的根本目标是更好地满足需求,主攻方向是提高供给体系的质量,根本途径是深化改革。供给侧结构性改革中,"结构性"三个字非常重要,就是要用改革的办法推进结构调整。习近平总书记多次强调,供给侧结构性改革重点是解放和发展社会生产力,用改革的办法推进结构调整,减少无效和低端供给,扩大有效和中高端供给,增强供给结构对需求变化的适应性和灵活性,提高全要素生产率。从政治经济学的角度看,推动供给侧结构性改革目的是满足人民日益增长的美好生活需要。供给和需求的均衡是实现经济增长的条件,但均衡是短暂的,不均衡是常态,由不均衡到均衡的过程就是动力。当前我国供给和需求不均衡的主要问题出在了供给侧,是结构性问题,这就需要优化要素配置和调整生产结构来提高供给体系质量和效率。而调整生产结构的关键在创新,手段还是市场与政府这"两只手"各自归位。综上所述,供给侧结构性改革在浙江有着深厚的渊源。

3. 从打造品牌大省、建设创新型省份到实施创新驱动战略、建设创新型国家

"八八战略"指出,要进一步发挥浙江的块状特色产业优势,加快先进制造业基地建设,走新型工业化道路。坚持以信息化带动工业化,推进"数字浙江"建设,用高新技术和先进适用技术改造提升传统优势产业,大力发展高新技术产业。在 2004 年全省经济工作会议上,习近平强调,"品牌是一个企业技术能力、管理水平和文化层次乃至整体素质的综合体现。从一定意义上说,品牌就是效益,就是竞争力,就是附加值。"浙江省要"努力创造若干世界品牌,努力打造'品牌大省'"。[①]

[①] 习近平:《干在实处 走在前列》,中共中央党校出版社 2006 年版,第 146—147 页。

在2006年全省自主创新大会上,习近平又强调,"如果我们不加强自主创新和自主品牌建设,不加快推动产业和产品升级,就不可能化解贸易摩擦带来的影响,就不可能形成核心竞争力,就不可能在激烈的国际竞争中占据主动。"① 在"八八战略"的引领下,历届浙江省委、省政府都将创新作为推动浙江经济转型升级的关键一招。2003年2月至2007年3月,习近平在《浙江日报》开辟"之江新语"专栏,前后发表短论232篇,署名"哲欣",寓意正是"浙江创新"。时至今日,浙江的创新成果已经取得了巨大的成就,走在了全国的前列。原先"低散乱"的产业格局已经演变为以数字经济、人工智能、高端装备制造等产业为支柱的新型产业体系。

浙江以创新发展推进经济转型升级的成功经验,为习近平从战略层面思考创新对发展方式转型乃至民族复兴的制胜意义,提供了有力的经验支撑。党的十八大以来,创新发展理念已经成为五大发展理念之一,在全面建成小康社会和建设社会主义现代化强国的道路上,我们比以往任何时候都更加需要强大的科技创新力量,科技创新活动演化为创新体系的竞争,创新战略竞争在综合国力竞争中的地位日益重要。实施创新驱动战略,最根本的是要增强自主创新能力,坚持自主创新与开放式创新的结合,发挥社会主义集中力量办大事的优越性。自主创新包含开放式创新,绝不是关起门来自己一切从头干起,不否定引进先进技术,不排斥开放与集成,而是要加大开放力度,站在人类已有的前沿创新成果的基石上,揽四方精华,纳八面来风。

4. 从浙江的"两只手"到全国的"两只手"

习近平在浙江工作期间指出,深化市场取向的改革,关键是要处理好政府与市场的关系,即"看得见的手"与"看不见的手"这"两只手"之间的关系。随着改革的不断深入,要切实转换政府这只"手"的职能,把政府职能切实转换到"经济调节、市场监管、社会管理、公共服务"上来,努力建设服务型政府、法治政府。在经济社会协调上,市

---

① 习近平:《干在实处 走在前列》,中共中央党校出版社2006年版,第132页。

场这只"手"更多地调节经济,政府这只"手"则强化社会管理和公共服务的职能;在经济运行上,市场这只"手"调节微观领域的经济活动,政府这只"手"用来制定游戏规则、进行宏观调控;在公平与效率上,市场这只"手"激活效率,政府这只"手"则更多地关注公平。"八八战略"指出,要进一步发挥浙江体制机制优势,大力推动以公有制为主体的多种所有制经济共同发展,不断完善社会主义市场经济体制。浙江体制机制的突出表现有如下几点。一是民营先发。个体私营经济是推动浙江经济发展的重要力量,财政收入的重要来源,新增就业的主要渠道。二是市场先发。20世纪80年代初,浙江的温台地区、浙中地区就涌现出一批规模较大的商品市场,逐渐形成以消费品市场为中心、专业市场为特色、要素市场相配套的市场体系。浙江市场的发展带动了一片产业、活跃了一地经济、富裕了一方百姓,大大推动了浙江省经济的发展,使浙江成为"市场大省",人们经常讲"看市场、到浙江"。浙江的这种体制机制优势,有助于充分发挥市场在资源配置中的决定性作用,有助于创造各种条件,放手让一切劳动、知识、技术、管理和资本的活力竞相迸发。同时,习近平在浙江工作时倡导机关效能建设和政府自身改革,提出要努力建设服务型政府、法治政府、有限政府,推进行政审批制度改革,将3000多项审批项目减少到800多项,就是为了让政府腾出更多的精力来搞好服务,把不该管也管不好的事情交给市场;让政府更好地服务于企业,不断壮大市场这只"手"。

推进供给侧结构性改革,首先要处理好政府和市场的关系。党的十八届三中全会提出,经济体制改革是全面深化改革的重点,核心问题是处理好政府和市场的关系,使市场在资源配置中起决定性作用,更好发挥政府作用。习近平总书记指出,使市场在资源配置中起决定性作用、更好发挥政府作用,既是一个重大理论命题,又是一个重大实践命题。在对这个问题的认识上,要讲辩证法、两点论,做到市场与政府"两只手"有机统一、相互补充、相互协调、相互促进。一方面,让市场去配置资源是市场经济的应有之义。市场经济的本质就是由市场决定资源配置的经济,由市场配置资源是最能够提高全要素生产率的方式。另一方面,政府要为自身"定好位",做到不越位、不缺位、不错位。市场在资源配置中起的是决定性作用,不是全部作用,需要政府弥补市场失灵。

5. 从"问题就是时代的口号"到"坚持问题导向部署经济发展新战略"

习近平在《之江新语》中引用了马克思的一句名言:"问题就是公开的、无畏的、左右一切个人的时代声音。问题就是时代的口号,是它表现自己精神状态的最实际的呼声",并指出,"每个时代总有属于它自己的问题,只要科学地认识、准确地把握、正确地解决这些问题,就能够把我们的社会不断推向前进"[1],还讲道,"浙江改革开放二十多年走过的道路,就是一条在不断克服困难中前进的改革创新之路,就是一段'发展出题目,改革做文章'的历程"[2]。2002年10月12日,习近平调任浙江,随即开启了长达9个月的调研之旅,在对69个县(市、区)调研之后,他对浙江基本省情,特别是改革发展中遇到的新问题、新挑战有了全面把握,在此基础上提出了"八八战略"——浙江应充分发挥的八项优势和深入实施的八项举措。"八八战略"是在浙江处于转型升级这一关键时期提出来的,是习近平主政浙江期间作出的最重大的战略决策,有着明显的问题导向性,凝结着习近平对推进浙江经济社会全面转型升级,完善区域现代化总体布局的探索和思考。在制定和实施"八八战略"的过程中,习近平始终坚持从实际出发,坚持问题导向,通过深入调查研究,不断发现新问题,提出新战略。总结习近平在浙江工作期间通过问题导向部署发展战略的做法,包括以下三个方面。第一,重视调查研究,强调只有通过调查研究才能发现问题。习近平指出:"调查研究是一个联系群众、为民办事的过程。通过深入基层、深入实际、深入群众,我们可以了解群众在想什么、盼什么、最需要我们党委、政府干什么。"[3] 第二,坚持问题导向。习近平到任浙江后进行了大量的

---

[1] 习近平:《之江新语》,浙江人民出版社2007年版,第235页。
[2] 习近平:《之江新语》,浙江人民出版社2007年版,第40页。
[3] 习近平:《干在实处 走在前列》,中共中央党校出版社2006年版,第534页。

调研，一方面是为了总结浙江发展的成就，另一方面是为了发现并分析浙江在发展过程中遇到的问题，进而提出解决这些问题的战略举措。根据浙江转型升级的共性问题，结合各地的实际情况，提出了"八八战略"；针对浙江的区位优势，提出"北接上海、东引台资"的发展思路；面对城市化快速发展、新兴产业兴起的现实，提出信息化和工业化融合发展的发展思路；等等。第三，体现战略思维。"八八战略"是省域的顶层设计和总体布局，抓住事关浙江"走在前列"重大问题，设计谋定战略举措，体现了总揽全局的战略思维。作为大海航行中"第一个看到桅杆的人"，主政浙江的习近平提出的"八八战略"不是管五年、十年的，而是管长远的，是浙江需要长期坚持的指导思想和总纲，体现了立足长远的前瞻思维。"八八战略"不是简单地追求经济增长的战略举措，而是追求高质量的发展、全面的发展、可持续的发展，体现了统筹兼顾的系统思维。

  党的十八大以来，以习近平同志为核心的党中央坚持问题导向部署经济发展新战略，对我国经济社会发展变革产生了深远影响。根据中国特色社会主义进入新时代、中国经济发展进入新时代的问题导向，以及实现高质量发展的目标要求，党中央不仅制定了"到2035年基本实现社会主义现代化，到2050年把我国建成富强民主文明和谐美丽的社会主义现代化强国"的"总战略"，还在这个"总战略"下制定了相应的"分战略"。面对我国经济正处于增长速度换挡期、结构调整阵痛期、前期刺激政策消化期"三期叠加"阶段，习近平总书记强调经济工作要适应经济发展新常态；面对我国经济"大个头"的"阿喀琉斯之踵"，即创新能力不强、科技对经济增长的贡献不高的问题，中央部署实施创新驱动发展战略；面对我国在发展过程中形成的区域、城乡、经济和社会、物质文明和精神文明、经济建设和国防建设不协调的问题，中央部署协调发展战略；面对生态环境破坏严重的问题，部署蓝天保卫战和污染防治攻坚战；面对我国经济发展中的结构性问题，指出矛盾的主要方面在供给侧，将供给侧结构性改革作为经济工作的主线；面对个别国家的"逆全球化"倾向，以及我国应对国际经贸摩擦、争取国际经济话语权能力较弱的问题，中央部署全面开放新战略，发展更高层次的开放型经济，推动"一带一路"建设；等等。

6. 从"又好又快"到稳中求进的工作策略

习近平在浙江工作期间，特别重视工作方法，指出："在构建和谐社会的进程中，正确的工作方法对广大干部显得尤为重要。我们既要大处着眼，学习曹冲称象，善于把本地区、本部门的工作这头'象'，置于构建和谐社会全局这条'大船'上来定位和谋划，提出前瞻性的工作思路；同时，又要小处着手，学习庖丁解牛，善于从具体的现象中把握客观规律。"[①] 在推动浙江经济发展的方法论上，习近平阐述了如何正确理解"好"与"快"："'又好又快'这个有机统一体中，'好'在'快'前，居第一位，处于主导地位；'快'置'好'后，居第二位，处于从属地位。所以，'又好又快'，首先就要'好'字当头，注重优化结构，提高效益，节能降耗，减少排放。同时，还要好中求快，优中求进，在'好'的基础上努力保持经济平稳较快增长。"[②] 习近平关于"又好又快"的阐述与党的十八大之后提出的"稳中求进"工作总思路一脉相承，与高质量发展的要求一脉相承。这就要求经济的发展不能片面追求 GDP 增长速度，要把结构调整和环境保护放在更加重要的位置，实现又好又快发展。

党的十八大以来，在工作策略和方法上，习近平总书记重点强调坚持稳中求进工作总基调，"稳"就是要确保经济运行在合理区间，实现稳就业、稳金融、稳外贸、稳外资、稳投资、稳预期的目标；"进"的重点是调整经济结构和深化改革开放，确保供给侧结构性改革和创新驱动发展取得新成效。这里的"稳"和"进"不是对立的，而是相互促进的：经济的平稳运行为供给侧结构性改革创造了平稳的运行环境；只有供给侧结构性改革取得实质性进展，才能真正确保经济运行保持在合理区间。

---

① 习近平：《之江新语》，浙江人民出版社 2007 年版，第 243 页。
② 习近平：《之江新语》，浙江人民出版社 2007 年版，第 249 页。

（四）追求卓越的上海精神引领供给侧结构性改革

习近平在上海担任市委书记的时间不算长，但非常关心上海的经济结构调整，紧扣国家战略，使上海产业发展规划成为国家战略的一部分。党的十八大之后，中央提出在上海建设具有全球影响力的科创中心的国家战略，可以从习近平在上海工作时找到思想的原点。

1. 从ARJ21的"百日会战"到C919的稳稳落地

习近平在上海工作期间，要求上海聚焦国家战略，为建设创新型国家担起应有的重任。2007年，国产新支线飞机ARJ21进入了总装最关键的阶段，在"百日会战"动员誓师大会上，习近平对项目团队讲道："新支线飞机项目承载着党和人民的重托，承载着中国民机产业发展的历史使命。"[1] 在这之后，我国的民机事业取得了较大发展。2014年5月，习近平总书记来到中国商飞集团考察，他再次鼓励大家："中国大飞机事业万里长征走了又一步，我们一定要有自己的大飞机！"[2] C919国产大客机总装下线和首飞成功时，习近平总书记又发来贺信。

C919首飞成功标志着我国大型客机项目取得重大突破，是我国民用航空工业发展的重要里程碑。C919大飞机是国之重器，关乎国家安全，要想不被别人"卡脖子"，只能增强自主创新能力，坚定不移走中国自主创新道路，加快创新型国家建设步伐。习近平总书记强调："只有把核心技术掌握在自己手中，才能真正掌握竞争和发展的主动权，才能从根本上保障国家经济安全、国防安全和其他安全。"[3] 国际经济竞争甚至综合国力竞争，说到底是创新能力的竞争。同时，推进供给侧结构性改革，需要根本性转变我国发展的内生动力，更多依靠创新驱动，培育战略性新兴产业，推动产业和产品向价值链中高端跃升。

---

[1] 《"开明睿智才能进一步海纳百川"——"习近平在上海"系列报道之二》，《解放日报》2017年9月27日。

[2] 《"开明睿智才能进一步海纳百川"——"习近平在上海"系列报道之二》，《解放日报》2017年9月27日。

[3] 习近平：《论坚持全面深化改革》，中央文献出版社2018年版，第112页。

2. 从推动三二一产业共同发展到经济结构的转型

上海作为国内经济水平较高的一线城市，有必要大力加快服务业发展和产业结构调整，借助上海的独特优势，更好地为全国产业发展提供全方位服务。2007年的上海，正处于产业结构调整的关键时期，许多干部当时对产业结构调整认识还不够充分。2007年9月18日，习近平在上海产业发展专题调研会上深入分析了上海产业结构调整的方向与要求，强调"要把握好三二一产业发展之间的关系、扩大产业规模和提高产业素质的关系、发展产业和降低消耗的关系、自身发展与服务全国的关系"，指出上海"要立足全局，从中央要求和国家战略定位的高度，认清上海产业发展所处的阶段"。[①] 十几年来，上海的产业结构调整取得了显著的成绩，在大力发展服务业的过程中，也没有丢掉制造业，努力走出一条三二一产业融合发展、依靠科技进步带动经济社会发展的新路。

党的十八大以来，习近平总书记在强调供给侧结构性改革时特别突出强调"结构性"三个字，指出"必须坚持科学发展，加大结构性改革力度，坚持以提高发展质量和效益为中心，实现更高质量、更有效率、更加公平、更可持续的发展"[②]。坚持供给侧结构性改革作为经济工作的主线，就是要解决制约我国发展的结构性、体制性矛盾和问题，着力调整优化经济结构、推进发展方式转变，着力推进创新驱动发展，推动我国经济结构更加合理，实现稳增长、促改革、调结构、惠民生、防风险的目标。

（五）对新发展阶段推进供给侧结构性改革的启示

习近平同志在地方工作期间对供给侧结构性改革和推动经济发展的早期探索，在今天看来仍具有重要的指导意义，可以成为破解中国经济困境的重要工作指南。

[①] 参见《"开明睿智才能进一步海纳百川"——"习近平在上海"系列报道之二》，《解放日报》2017年9月27日。

[②] 中共中央文献研究室编：《十八大以来重要文献选编（中）》，中央文献出版社2016年版，第828页。

1. 坚持经济结构调整的方向不能变

结构调整不是轻轻松松就能实现的，一定会经历"脱胎换骨"的过程，这需要各级领导干部保持战略定力。坚持房住不炒的基本原则，经济下行压力再大，也不能将房地产作为短期刺激经济的手段。决不允许打着保供的旗号回到破坏生态环境的老路上。要保持不片面追求GDP增速的定力，不能只追求速度，而应该追求速度、质量和效益的统一。

2. 坚信市场是配置资源最有效率的方式

习近平在福建工作期间，六年七下晋江，形成"晋江经验"，提出"六个始终坚持"和"正确处理好五个关系"，包括始终坚持以市场为导向发展经济。理论和实践都证明，市场配置资源是最有效率的方式，市场经济本质上就是市场决定资源配置的经济。各级政府要有所为有所不为，政府所能发挥的作用，就是在尊重市场规律的基础上，用改革的办法激发市场活力。禁止不切实际的招商引资，各级政府要把更多精力放在改善营商环境和提高服务上来，坚决杜绝打着"招商引资"的旗号，大办政府投资性基金参与的"官商"企业。让各类市场主体在市场经济的大海中再掀大潮。2021年底，我国市场主体达到1.5亿户，只要能够激发各类市场主体的发展活力，就能形成对中国经济的强大支撑。

3. 狠抓科技创新这个"第一生产力"和人才这个"关键少数"

习近平一直以来非常重视科技创新和人才。在正定工作期间，编制"人才九条"，任人唯贤；为了找到人才武宝信，放开嗓门在小区里喊；为了聘请顾问，一封封落款"学生习近平"的信出现在全国一百多位著名专家学者的案头。当前我国部分领域存在被"卡脖子"的问题，解决办法就是狠抓科技创新这个"第一生产力"和人才这个"关键少数"。要打破框框，消除偏见，做到不拘一格地选拔人才。要让知识创造财富，提升科研经费中"智力报酬"所占比例，让科研人员参与创新成果收益的分配。

4. 以正确的政绩观准确贯彻新发展理念

习近平同志在《之江新语》中写道："树政绩的根本目的是为人民

谋利益"。[①] 同样，贯彻新发展理念的根本宗旨也是为人民谋利益，有正确的政绩观才能准确贯彻新发展理念。创新发展并不仅仅是"造芯片"，要防止造"芯"狂热症导致的"芯片"变"芯骗"，能够提升资本、劳动等效率的发展都是创新发展。绿色发展不是为了绿色而"绿色"，搞"一刀切"式的"拉闸限电"会严重影响老百姓的生活品质。准确贯彻新发展理念，要把"立党为公、执政为民"的本质要求落到实处。

---

① 习近平：《之江新语》，浙江人民出版社2007年版，第34页。

◆|第四章|◆

深入学习社会主义市场经济的基本原理

我们处在前所未有的变革时代，干着前无古人的伟大事业，如果知识不够、眼界不宽、能力不强，就会耽误事。向书本学习，是丰富知识、增长才干的重要途径。毛泽东同志说："饭可以一日不吃，觉可以一日不睡，书不可以一日不读。"他日理万机，但仍见缝插针读书，理发时也读，还幽默地对理发师说："你办你的公，我办我的公，咱们互不干扰。"① 这种"挤"和"钻"的精神，值得我们学习。领导干部要结合工作需要学习，做到干什么学什么、缺什么补什么。经济工作是党的中心工作，我们国家搞的是社会主义市场经济，我们的领导干部当然要学习社会主义市场经济基本原理。社会主义和市场经济的结合是一项前无古人的伟大创举。社会主义市场经济既不同于传统的计划经济，也不同于自由放任的市场经济。发展社会主义市场经济，就是要用好"党的领导"的"道"和"市场机制"的"术"，用好供给和需求"两支桨"，用好市场和政府"两只手"，做到社会主义与市场经济的融合，做到公有制与市场经济的兼容，坚持经济与政治的辩证统一，开拓人类社会发展的新道路。

一、用好"党的领导"的"道"和"市场机制"的"术"

社会主义市场经济的本质就是中国共产党领导下的市场经济。我们既

---

① 《习近平谈治国理政》（第四卷），外文出版社 2022 年版，第 535 页。

要坚持党对经济工作的领导，又要遵循市场经济的一般规律。有人曾担心，这二者之间会不会有矛盾？这二者之间是不矛盾的。坚持党对经济工作的领导是为了保障中国经济巨轮沿着正确的方向航行，这个方向就是共同富裕，坚决不能"跑偏"；坚持市场机制，让市场在资源配置中起决定性作用，是为了让中国的经济巨轮跑得更快一些，解决的是动力系统的问题。所以，前者是"道"这个层面的问题，后者是"术"这个层面的问题。

（一）中国共产党领导是中国特色社会主义最本质的特征

党政军民学，东西南北中，党是领导一切的。办好中国的事情，关键在党。中国共产党是一个在14亿多人口的大国长期执政的党，是中国特色社会主义事业的坚强领导核心。中国共产党领导是中国特色社会主义最本质的特征，是中国特色社会主义制度的最大优势，坚持党的全面领导是坚持和发展中国特色社会主义的必由之路。经济建设是党的中心工作，党的领导当然要在中心工作中得到充分体现，抓住了中心工作这个"牛鼻子"，其他工作就可以更好展开。

中国经济是一艘巨轮，体量越大，风浪越大，掌舵领航越重要。在风云变幻的世界经济大潮中，能不能驾驭好我国经济这艘巨轮，能不能保持经济社会持续健康发展，取决于党的作用发挥得好不好。坚持党对经济工作的领导，要求各级领导干部要把落实党中央经济决策部署作为政治责任，增强"四个意识"，坚决反对经济工作中的分散主义、自由主义、本位主义、山头主义、地方保护主义，决不允许搞上有政策、下有对策，防止不切实际地定目标，更不能搞选择性执行。

（二）坚持和完善党领导经济工作的体制机制

党的十八大以来，党领导经济工作的制度化建设不断加强，中央政治局常委会、中央政治局定期研究分析经济形势、决定重大经济事项，中央财经委员会及时研究经济社会发展重大问题，中央全面深化改革委员会及时研究经济社会领域重大改革。通过加强工作机制，党中央制定重大方针和重大战略、作出重大决策、部署重大任务的制度化规范化水平不断提高，有力保障党对经济工作的领导落到实处，保证我国经济巨轮沿着正确方向航行。需要注意的是，坚持党对经济工作的领导不是包办一切，而是要管大事、议大事，做好经济领域重大工作的顶层设计、总体布局、统筹协调、整体推进、督促落实，发挥把方向、管大局、保落实作用。要把全面从严治党要求体现在党领导经济工作之中，历史经验表明，大发展大建设时期常常腐败问题多发，资金资源密集领域往往腐败问题易发，需要有针对性补齐制度短板。反腐并不会影响经济发展，反而有利于经济发展持续健康。因此，要通过强有力的政治监督为经济社会发展提供坚强政治保证。

完善党领导经济工作的体制机制，需要不断推进国家治理体系和治理能力现代化。我国国家制度和国家治理体系管不管用、有没有效，实践是最好的试金石。全面深化改革，总目标就是要完善和发展中国特色社会主义制度，推进国家治理体系和治理能力现代化。"凡将立国，制度不可不察也"，我们今天所创造的经济快速发展和社会长期稳定"两大奇迹"，以及打赢脱贫攻坚战取得的成就，都彰显了中国特色社会主义制度的优越性。当然，好的制度也需要不断完善和发展，需要不断推进国家治理体系和治理能力现代化，这就要求我们更加坚定地将全面深化改革进行到底。老子讲"治大国若烹小鲜"，以烹饪比喻治国。烹小鲜的时候不能随意翻动，油盐酱醋要恰到好处，火候要掌握得当，否则就会或烂或焦、过咸或过淡。治理国家的道理是一样的，要有规章制度，要通过全面深化改革，着力推进国家治理体系和治理能力现代化。国家博物馆收藏着 109 枚公章。这些公章是从哪里来的呢？2014 年 5 月 20 日，天津市滨海新区行政审批局挂牌成立，将分散在 18 个不同单位的 216 项审批职责归并到一个部门，用 1 枚公章取代了 109 枚公章，"光荣下岗"的 109 枚公章就被存放到了国家博物馆里。这 109 枚公章成为推进国家治理体系和治理能力现代化的生动见证。在推进国家治理体系和治理能力现代化上多下功夫，就能够把党领导经济工作的制度优势转化为治理效能。用中长期规划指导经济社会发展，是我们党治国理政的一种重要方式。1953 年至今，我国已经编制实施了十四个五年规划。实践证明,中长期发展规划既能充分发挥市场在资源配置中的决定性作用,又能更好发挥政府作用,有力推动了经济社会发展、综合国力提升、人民生活改善。

(三)集中力量办大事是成就事业的重要法宝

没有离开政治的经济,也没有离开经济的政治,要从讲政治的高度做经济工作。新中国成立以来,我们充分发挥集中力量办大事的制度优势,有效组织各项事业,开展各项工作,成功应对重大风险挑战。只要坚持发挥党的领导和我国社会主义制度的政治优势,协同调动各地方各部门各领域各方面力量,坚持全国一盘棋,结合社会主义市场经济新条件,发挥好我们的优势,加强统筹协调,维护统一大市场,调动各方面积极性,集中力量办大事,不断促进社会生产力解放和发展,就能更好推进全面建设社会主义现代化国家新征程。治理好我们这样的大国,要更好发挥中央和地方两个积极性,要理顺中央和地方职责关系。中央加强宏观事务管理,地方管理好本地区事务。集中力量办大事的优势,是我国的政治优势和制度优势,是我国谱写经济快速发展和社会长期稳定"两大奇迹"新篇章的信心和底气,更是应对各种风险挑战的关键。

二、用好供给和需求"两支桨"

如果把现代经济运行比作一艘"船",那么供给和需求就是这艘船的"两支桨"。习近平总书记指出:"供给和需求是市场经济内在关系的两个基本方面,是既对立又统一的辩证关系,二者你离不开我、我离不开你,相互依存、互为条件。没有需求,供给就无从实现,新的需求可以催生新的供给;没有供给,需求就无法满足,新的供给可以创造新的需求。"[①] 供给和需求关系是现代经济运行中连接微观与宏观的桥梁,是现代市场经济理论的重要内容,也是习近平经济思想演绎和发展的主

---

① 《习近平谈治国理政》(第二卷),外文出版社 2017 年版,第 252 页。

要范畴和"枢纽",是理解以人民为中心的发展思想、新发展理念、高质量发展、建设现代化经济体系、构建新发展格局、统筹发展和安全等一系列理论问题的"钥匙"。

价格波动背后是供给和需求的变动。消费者偏好决定了商品的消费需求,企业成本是商品供给的基础。某种商品价格上涨,要么是由于人们对该商品需求的上升,要么是由于该商品供给的下降。从股票到房地产,再到土地,几乎每个市场的情况都是如此,供给和需求的变动必然会导致产出和价格的变动。只要理解了供给和需求的变动规律,就已经朝着理解市场经济机制的方向迈出了一大步。

(一)需求曲线

需求曲线如图 4-1 所示。其中,横轴代表某商品的需求量 Q,纵轴代表该商品的价格 P,需求曲线向右下方倾斜,数量和价格呈反比例关系,这一规律被称为需求向下倾斜规律,即当一种商品的价格上升且其他条件保持不变时,购买者会趋向于购买更少的数量。同理,当价格下降且其他条件保持不变时,需求量会增加。该规律建立在常识和经济理论的基础之上,并经过了经验数据的检验和证明。为什么价格上升时需求量会下降呢?一是由于存在替代效应。当一种物品的价格上升时,消费者会用其他物品来替代。二是由于存在收入效应。价格的上升意味着实际收入的降低。

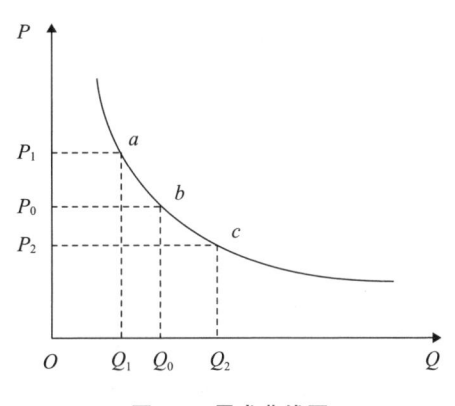

图 4-1 需求曲线图

（二）供给曲线

供给曲线（图 4-2）表示的是在其他条件不变的情况下，该商品的市场价格（P）与生产者愿意生产和出售的数量（Q）之间的关系。供给曲线是向右上方倾斜的，在假定其他因素固定不变的情况下，一种商品的价格越高，生产者提供的产量就越大。相反，商品的价格越低，生产者提供的产量就越小。需要注意的是，如果生产者对某种商品只有提供出售的愿望，却没有提供出售的能力，就不能形成有效供给。通常，一种商品的供给数量取决于多种因素的影响。一是生产成本。生产成本上升会减少利润，商品供给量就会减少。相反，生产成本下降会增加利润，商品供给量就会增加。二是生产的技术水平。技术的提高可以降低生产成本，增加利润，供给量会增加。三是生产者对未来的预期。如果预期商品的价格会上涨，生产者就会扩大生产，增加供给；如果预期商品的价格会下降，生产者就会缩减生产，减少供给。

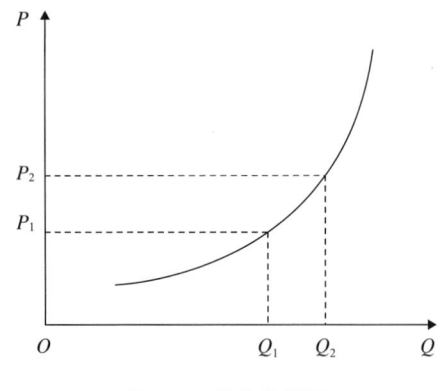

图 4-2　供给曲线图

（三）供给和需求的均衡

均衡最一般的意义是指经济事务中有关的变量在一定条件的相互作用下达到的一种相对静止的状态。供给和需求的力量会相互作用，产生均衡的价格和均衡的数量，即市场均衡。市场均衡发生在供给和需求力量达到平衡的价格与数量的点上。在该点，买方愿意购买的数量正好等于卖方愿意出售的数量。在均衡点上，价格既没有上升的趋势，也没有下降的趋势。这里的价格就是均衡价格，也称市场出清价格，即该种商品的市场需求量和市场供给量相等时的价格。在该点，需求方和供给方都得到了满足。当影响需求或供给的因素发生变化时，需求或供给就会发生变动，并引起市场上的均衡价格和均衡数量发生变动。需求的变动是指在某商品价格不变的条件下，由于其他因素变动引起的该商品的需求数量的变动。这里的其他因素包括消费者偏好的变化、消费者收入水平的变动和相关商品的价格变动等。供给的变动是指在某商品价格不变的条件下，由于其他因素变动引起的该商品的供给数量的变动。这里的其他因素包括生产技术水平的变动、生产成本的变动和相关商品价格的变动等。

三、用好市场和政府"两只手"

马克思的《资本论》所研究的，是资本主义生产方式以及和它相适应的生产关系和交换关系。但是，《资本论》中所揭示的原理和规律具有一定的社会共性，既适用于资本主义生产，也适用于社会主义生产；既适用于私有制的市场经济，也适用于公有制为主体的市场经济。这些原理和规律包括劳动二重性原理、社会生产两大部类原理、供求原理、利润最大化原理和生产关系要适应生产力发展的原理等，也包括价值规律、竞争规律、积累规律和经济危机理论等。因此，《资本论》所揭示的科学原理并未过时，越是发展社会主义市场经济，就越要学习和掌握《资本论》所阐述的科学原理，越要运用这些原理来指导社会主义市场经济的实践。

经济学一般被认为是研究利益的，即人的行为是由利益支配的，每个人追求自己的利益。"物质利益原则"是建立社会主义市场经济体制的支点。计划经济最大的弊端是人的积极性不能充分发挥。市场经济的优势就是激发了微观主体的活力，每个人和经济单元在追求自身利益最大化的过程中推动经济社会的发展。人们从事的各种社会活动都与物质利益或经济利益有关。马克思指出："人们为之奋斗的一切，都同他们的利益有关"①，"现实的人只有以利己的个体形式出现才可予以承认"②，"'思想'一旦离开'利益'，就一定会使自己出丑"③。利己性减少了一些道德上的高尚，也同时减少了道德上的虚伪。邓小平同志指出："不讲多劳多得，不重视物质利益，对少数先进分子可以，对广大群众不行，一段时间可以，长期不行，革命精神是非常宝贵的，没有革命精神就没有革命行动。但是，革命是在物质利益的基础上产生的，如果只讲牺牲精神，不讲物质利益，那就是唯心论。"④ 物质利益是人类活动的内在动因，人们对物质利益的追求是社会经济发展的根本动力。只有重视人们对物质利益的追求，才能最大程度调动人们的主动性、积极性和创造性，生产力才会得到较快的发展。

市场具有神奇的力量：它需要从人的自利性中获取用之不竭的动力，利己行为会无意识、卓有成效地实现利他的目的。市场就像一只"看不见的手"，将每个人的"利己之心"转换为"利人之行"。市场的逻辑就是，要想实现自身的利益，首先要给别人创造价值，给消费者创造价值，给客户创造价值，即"要想自己好，先得让别人好"。在市场经济中，每个人的生产是为了交换，通过交换才能实现价值。一个人如果不为别人创造价值，就不可能获得收入。企业要想有利润，就得不断发现别人需要什么，不断创造出别人愿意支付货币的产品，产品要一直被市场认可。市场经济要重视经济学中的两个基本假设：一个是经济人假设。亚当·斯密在《国富论》中指出："我们每天所需的食物和饮料，不是出自屠户、酿酒家或烙面师的恩惠，而是出于他们自利的打算。"⑤马歇尔在《经济学原理》中提出了"经济人"的概念。后来的经济学者

---

① 《马克思恩格斯全集》（第一卷），人民出版社1995年版，第187页。
② 《马克思恩格斯文集》（第一卷），人民出版社2009年版，第46页。
③ 《马克思恩格斯文集》（第一卷），人民出版社2009年版，第286页。
④ 《邓小平文选》（第二卷），人民出版社1994年版，第146页。
⑤ 〔英〕亚当·斯密：《国民财富的性质和原因的研究》（上卷），郭大力、王亚南译，商务印书馆1972年版，第14页。

在此基础上提出了"经济人假设",强调人是自私的,同时也是理性的。"经济人假设"是支撑经济学大厦的基石。虽有争论和不同意见,但"经济人"只是个假设。该假设与倡导何种人生观、价值观没有关系,"经济人"也可以讲情怀,有了"经济人假设"才能更好避免"经济人"去做损人利己的事情。经济学虽不能证明人为何自私,但要研究人类经济行为,需要将人假设为"经济人"。同时,从人的社会属性来看,人是具有理性的,人在追求自身利益最大化的过程中也能够做到自律。因为人处在一定的社会环境里,谁也离不开他人的支持,只有做到"克己"和"利他",才能达到"利己"的目的。历史经验也表明,若假设人是"无私"的,就会设计出漏洞百出的"坏制度";若假设人是"自私"的,则会设计出合理高效的"好制度"。另一个是资源稀缺假设。经济学研究资源如何高效配置,归根结底是由于资源具有稀缺性。人的欲望是无限的,欲望是人类天性,每个人都希望获得更多的资源,但供给是有限的。资源的高效配置要由市场这只"手"来决定。要重视物质利益的诉求,让价格引导资源的配置。

更好发挥政府作用,不是要更多发挥政府作用,而是要在保证市场发挥决定性作用的前提下,管好那些市场管不了或管不好的事情。政府对资源配置发挥作用的常用手段是产业政策。政府制定产业政策的一个前提条件就是政府比市场更有先见之明,比企业家更有远见,更能预测未来,更懂市场规律,知道未来什么是核心产业、主导产业,知道未来技术发展的方向是什么。但从已有经验来看,这是不大可能的,预测未来的工作只能交给市场和企业来做。企业的工作就是发现市场和创造市场,从供给侧把别人没有看到的潜在需求变为现实需求。当然,在个别行业和个别领域,产业政策也是不可或缺的,但在实施过程中也要注意以下几个问题。第一,产业政策不能太泛。产业政策的关注点应该聚焦于国家安全、自然垄断、公共产品和公共服务四大领域。对于一般竞争性行业,实施产业政策的意义不大,应放手让市场调节。第二,产业政策要止步于产业,不能延伸到企业。产业政策要更注重普惠性,不能给个别政府眼中的"好"企业"吃偏饭"。尤其是对同一行业领域中的不同企业，防止优惠性、倾斜性产业政策阻碍公平竞争，防止由政府挑选"赢家"。如果从产业政策中获利的是少部分人和少数企业，大部分人和大多数企业很难捞到产业政策的好处，就会导致寻租和腐败。企业整天想的不是如何通过提供更好的产品在市场中赢得一席之地，而是热衷于寻租，想方设法享受政府的优惠政策。第三，产业政策的实施要充分尊重市场规律。以关停高能耗、高污染的企业为例，不宜采用行政命令的手段，应采用基于科斯定理的市场化手段，既能降低成本，又能避免企业的对抗情绪。

四、做到社会主义与市场经济的融合

揭示社会主义与市场经济之间的客观联系，是邓小平理论的一大贡献。社会主义和市场经济是一个矛盾的统一体，彼此之间既有统一的地方，也有相矛盾的地方。邓小平同志提出了"两个不等于"论断，即"计划经济不等于社会主义，资本主义也有计划；市场经济不等于资本主义，社会主义也有市场"[1]。社会主义与市场经济的有机融合，需要把握好三个关键环节[2]。

一是要扬长避短，趋利避害，将社会主义基本制度的优越性与市场经济体制的优越性有机融合起来。只有社会主义才能救中国、发展中国。邓小平同志指出："过去行之有效的东西，我们必须坚持，特别是根本制度，社会主义制度，社会主义公有制，那是不能动摇的。"[3] 对市场经济，不能将其优长与弊端不加区别地照单全收搞"一锅烩"。市场经济中自主经营、追逐利润最大化、优化资源配置、通过公平竞争激发经营主体发展社会生产力的积极性、运用灵敏的经济信号及时对生产和需求进行协调等显著优点要"扬"，盲目性、投机性、短期性等弱点要"避"，要将社会主义基本制度的优越性与市场经济体制的优越性有机

---

[1] 《邓小平文选》（第三卷），人民出版社1993年版，第373页。
[2] 参见习近平：《对发展社会主义市场经济的再认识》，《东南学术》2001年第4期。
[3] 《邓小平同志建设有中国特色社会主义理论学习纲要》，学习出版社1995年版，第16页。

地融合在一起,使之在发展社会生产力方面发挥出巨大的"合力"作用。

二是要防止顾此失彼、以偏概全的倾向,使社会主义市场经济始终保持正确的发展方向。在建立和发展社会主义市场经济的实践中,不善于处理社会主义和市场经济关系的现象是存在的,有的纠缠于姓"资"姓"社"的争论,在发展市场经济方面迈不开步子;有的则只记住了市场经济,忘记了社会主义,出现了重市场经济、轻社会主义的偏向。顾此失彼、以偏概全的"抓一头"在一定程度上影响了社会主义市场经济的健康发展。

三是要纠正和防止新旧体制"劣势组合"的偏向,使社会主义市场经济体制成为"强强组合"。在由计划经济体制向社会主义市场经济体制转轨的过程中,一些部门和单位还出现了另一种偏向:把直接关系部门利益的、"有用的"权力保留下来,并与市场经济中的消极因素结合起来,这种"劣势组合"使社会主义市场经济体制变形失真,让固有权力插上市场经济的"翅膀"之后更加"如鱼得水",这就偏离了建立社会主义市场经济体制的初衷。因此,在完善社会主义市场经济体制过程中,既要摒弃计划经济中政府过多干预市场的弊端,也要消除市场经济体制中的消极因素,将社会主义在宏观调控方面的优势与市场经济体制高效配置资源、公平竞争、市场调节供求的优势结合起来。

五、做到公有制与市场经济的兼容

个别国家不承认中国的市场经济地位,理由是中国经济以公有制为主体。也有学者认为,市场经济和商品交换的前提是财产私有,公有制与市场经济不相容。这种观点是不准确的。首先,市场经济和商品交换的前提是产品私有,不是生产资料私有。马克思指出:"商品不能自己到市场去,不能自己去交换。因此,我们必须找寻它的监护人,商品占有者。"商品是物,为了使这些物作为商品发生关系,"必须彼此承认对方是私有者"。① 显然，马克思这里讲的"私有"指的是产品私有，不是指生产资料私有，两者不是一回事。产品能否交换与生产资料是否私有无关，跟产品是否私有有关。其次，生产资料公有的情形下可以做到产品私有。之所以这样讲，是因为所有权和产权是两个不同的概念。所有权指的是财产的法定归属权，产权指的是财产的使用权、收益权和转让权。所有权和产权是可以分离的，在所有权公有的前提下可以实现产权的私有，而产权的最终体现就是产品的处置权。以国有企业为例，国企的土地、厂房等生产资料归国家所有，但同时国家将产权委托给了企业，因此企业就拥有了产品的处置权。综上所述，只要明确界定产权，公有制与市场经济就可以兼容。

六、坚持经济与政治的辩证统一

经济离不开政治，政治也离不开经济，这是客观事物发展的必然规律。经济政治化和政治经济化，应是经济和政治辩证统一关系和谐发展的集中体现。② 经济与政治是现代社会中两个紧密联系着的重要范畴，社会主义市场经济的建立和发展必须充分发挥经济和政治两个方面的优势。恩格斯深刻阐述了经济与政治之间的作用与反作用的关系，指出："这是两种不相等的力量的相互作用：一方面是经济运动，另一方面是追求尽可能大的独立性并且一经确立也就有了自己的运动的新的政治权力。总的说来，经济运动会为自己开辟道路，但是它也必定要经受它自己所确立的并且具有相对独立性的政治运动的反作用，即国家权力的以及和它同时产生的反对派的运动的反作用。"③ 经济是政治的基础，政治是经济的集中体现，经济决定政治，政治也会反作用于经济，彼此互相依存、互相促进、互相对立、互相制约。社会主义市场经济能够为政治经济化、经济政治化提供有利条

---

① 《马克思恩格斯全集》（第四十四卷），人民出版社 2001 年版，第 103 页。
② 习近平：《对发展社会主义市场经济的再认识》，《东南学术》2001 年第 4 期。
③ 《马克思恩格斯选集》（第四卷），人民出版社 2012 年版，第 609—610 页。

件，能够促进政治和经济的有机统一。促进社会主义市场经济的健康发展，仅靠经济或政治的"单打"是不行的，要发挥好两个方面的最大优势。

第五章

坚持和完善社会主义基本经济制度

公有制为主体、多种所有制经济共同发展，按劳分配为主体、多种分配方式并存，社会主义市场经济体制等社会主义基本经济制度，既体现了社会主义制度优越性，又同我国社会主义初级阶段社会生产力发展水平相适应，是党和人民的伟大创造。社会主义基本经济制度是中国特色社会主义制度的重要支柱。

一、"两个毫不动摇"是"定海神针"

毫不动摇巩固和发展公有制经济，毫不动摇鼓励、支持、引导非公有制经济发展。探索公有制多种实现形式，推进国有经济布局优化和结构调整，发展混合所有制经济，增强国有经济竞争力、创新力、控制力、影响力、抗风险能力，做强做优做大国有资本。深化国有企业改革，完善中国特色现代企业制度。健全支持民营经济、外商投资企业发展的法治环境，完善构建亲清政商关系的政策体系，促进非公有制经济健康发展和非公有制经济人士健康成长。

（一）历届党的代表大会对"两个毫不动摇"的认识

党的十五大指出：公有制为主体、多种所有制经济共同发展，是我国社会主义初级阶段的一项基本经济制度。党的十六大强调了"两个毫不动摇",必须毫不动摇地巩固和发展公有制经济,必须毫不动摇地鼓励、支持和引导非公有制经济发展。党的十七大又一次强调了"两个毫不动摇",坚持和完善公有制为主体、多种所有制经济共同发展的基本经济制度,毫不动摇地巩固和发展公有制经济,毫不动摇地鼓励、支持、引导非公有制经济发展,坚持平等保护物权,形成各种所有制经济平等竞争、相互促进新格局。党的十八大继续强调两个"毫不动摇",毫不动摇巩固和发展公有制经济,推行公有制多种实现形式,深化国有企业改革,完善各类国有资产管理体制,推动国有资本更多投向关系国家安全和国民经济命脉的重要行业和关键领域,不断增强国有经济活力、控制力、影响力。毫不动摇鼓励、支持、引导非公有制经济发展,保证各种所有制经济依法平等使用生产要素、公平参与市场竞争、同等受到法律保护。党的十八届三中全会在"两个毫不动摇"基础上进一步明确两个"不可侵犯",即公有制经济财产权不可侵犯,非公有制经济财产权同样不可侵犯。党的十九大再一次强调了"两个毫不动摇"。党的二十大指出,要坚持和完善社会主义基本经济制度,毫不动摇巩固和发展公有制经济,毫不动摇鼓励、支持、引导非公有制经济发展;还指出,要深化国资国企改革,加快国有经济布局优化和结构调整,推动国有资本和国有企业做强做优做大,提升企业核心竞争力。优化民营企业发展环境,依法保护民营企业产权和企业家权益,促进民营经济发展壮大。

(二)中国共产党领导下国有企业发展壮大的历程

新中国成立之后,国有企业作为领导力量发挥了全面性的中流砥柱作用。正是由于国有企业为新中国的国民经济打下了坚实的基础,才有1978年之后全面改革的有序推进。可以说,改革开放之前30年国有企业的发展和探索形成了改革开放后国有企业发挥中流砥柱作用不可替代的基础和必要条件。

1. 国有企业的前期改革

从1952年至1978年,全国国有工业总产值大幅增加,其中发展最快的就是重工业。但国有企业存在的问题也逐渐暴露出来：不但资本归国家所有，还由国家直接经营。在这种体制下，企业难以有效率地进行生产。突破高度集中的计划体制，改革国营企业管理模式，解放社会生产力，成为不可避免的历史课题。1956年，毛泽东主席在《论十大关系》中指出，要用"两点论"对待不同的民族、不同的国家，对于一切民族、一切国家在经济、科学技术等方面真正好的东西，合乎科学的东西，都要学。但必须有分析有批判地学，不能一切照搬。通过苏联企业模式在中国运行的实践情况，毛泽东主席敏锐地察觉该模式有一定的弊端，明确提出了改革意见。从那个时候，中国就开始了探索国企改革的漫漫历程。该阶段国企改革探索分为三个阶段：第一阶段是1957年至1960年。该阶段国企改革的基本思路是"放"，主要内容包括减少指令性指标、实行国家与企业之间的利润分成制以及扩大企业的人事管理权等。第二阶段是1961年至1969年。该阶段主要整顿1958年改革对国有企业造成的混乱，因此基本思路是"收"，基本内容是权力重新集中，要求对企业实行"五定""五保"①。第三阶段是1970年至1977年。该阶段国企改革的思路又是"放"，主要是由于1961年的改革造成权力重新集中，导致传统体制的旧病复发。

  总结中国国有企业前期的三轮改革，一个基本特点就是权力放与收的循环反复。这里的"权力"，既包括政府与企业权力和利益的划分，又包括中央与地方权力和利益的划分。对于前者，可以总结为"一放就乱，一乱就收"，纠缠在放与收的圈子里，难以摆脱。对于后者，即中央与地方的关系，是前期改革的重点，归根结底是给企业换"婆婆"，企业自身没有多大改变，即"只是换了婆婆，没有改变媳妇的地位"。之所以不把企业自身作为国企改革的重点，来自理论和认识上的失误。理论上的失误，就是社会主义是计划经济的理论；认识上的失误，就是

---

  ① "五定"是指定产品方向和市场规模、定人员和机构、定主要原料的供应来源、定固定资产和流动资金、定协作关系；"五保"是指企业必须保证完成的任务，包括保证完成产品的品种、质量和数量计划、保证不超过工资总额计划、保证完成成本计划、保证完成上缴利润计划、保证主要设备的使用期限等。

认为企业是一个生产单位，而不是经营单位。因而，一个最大的启示就是，中国的国企改革必须另辟蹊径，探索新路，从根本上改革。邓小平同志正是深刻地抓住了这一点，从理论和实践两方面同时突破，在国企改革问题上作出了巨大的划时代的贡献。

2. 扩大企业自主权与放权让利

党的十一届三中全会以后，国有企业改革帷幕逐步拉开。作为我国经济体制改革的重要组成部分，国有企业改革历来受到党和国家高度重视。邓小平同志指出，国有企业改革的关键环节，就是扩大企业自主权和加强责任制。邓小平同志所领导的国有企业改革于1978年起步。从1978年到1992年，随着经济体制改革的启动和推进，中国特色现代国有企业逐步从传统计划经济体制下的"国营企业"脱胎出来，从无到有地产生和发展。一是实行厂长负责制。放权让利的诉求最早源于《福建日报》刊登的一封《呼吁书》：55名厂长经理呼吁——请给我们"松绑"。《呼吁书》在全国产生了巨大的示范效应。各地的厂长、经理闻风而起，也纷纷提出"松绑"的要求。在第一个厂长呼吁"给我五元钱奖金的权力，我可以把企业翻转过来"的声音带动下，全国上下涌现一片"松绑"的浪潮。《呼吁书》的发表，对放权让利的改革起到巨大的推动作用，"松绑"也因此成了20世纪80年代国企改革最通俗的说法。二是实行承包制。农村家庭联产承包责任制的巨大成功，为国有企业推动承包制改革提供了经验。在这一段历史中，"步鑫生现象"是个绕不过去的话题。尽管是非、褒贬的争议之声至今未绝，但人们不得不承认，是他当时迈出的一小步引来了城市企业改革的一大步。可以佐证的是，他制定的一些"治厂法则"，那时可谓"石破天惊"。现在这些"法则"仍被沿用，只是人们早已习以为常。

承包制取得显著成效的一个很大原因就在于"两权分离"，即所有权与经营权的分离。1984年10月党的十二届三中全会通过的《中共中央关于经济体制改革的决定》指出，所有权和经营权的适度分开是符合马克思主义思想和坚持社会主义方向的。"两权分离"理论之所以能够在国有企业改革中得到普遍的应用，就在于它没有触动国家所有制，没有改变"国有企业资产属于国家"这一根本属性，同时又能增加企业的自主性，让企业成为自主经营、自负盈亏的独立法人，在经营过程中更加自由。国家在获取财政收入的同时，不需要过多承担企业不良经营的后果。党的十三大报告也充分肯定了承包制的积极意义，认为承包制是实行两权分离的有益探索。今天看来，当年的承包制具有重要的历史功绩。首钢自实行承包制改革以来，企业经济效益持续大幅度增长。1986年与1981年相比，利润从4.45亿元增加到11.21亿元，平均每年递增20.32%。5年中，首钢靠自我积累进行老厂改造，共投入资金12.56亿元，实现利税47.83亿元，投入产出比例为1∶3.8。综合采用国内外最新技术，装置了先进的消烟除尘系统，综合技术达到国际一流水平。

尽管承包制取得了巨大的成绩，但我们也要看到，承包制在后来的推行过程中遇到了很多问题：1988年实行承包经营的企业，95%完成了承包合同；1990年却下降到了70%。由于承包成功率逐年下降，企业和职工的积极性也在下降。承包制存在的问题逐渐暴露。总之，承包制在对企业"放权"过程中迈出了重要一步。但是，承包制没有真正明确企业的责权利，看似企业活力有所增加，其实真正影响企业活力的产权问题没有得到根本性改变，最后的结果就是企业对国有资产的"竭泽而渔"，短期的活力增加成为一种"假象"，甚至是以"透支国家财产未来收益"的方式换来的。同时，承包制中政府也往往不能管好"自己的手"，干预企业经营的行为经常出现。因此，承包制不是提高国有企业效益和增强国有企业活力的长久之策，用现代企业制度的长效机制来激励和约束企业的生产和经营行为才是治本之策。

3. 建立现代企业制度

1992年10月12日召开的党的十四大，首次将全民所有制企业由过去的"国营企业"改称为"国有企业"。党的十四届三中全会提出现代企业制度以后，人们对现代企业制度的热情很高。现代企业制度是"产权清晰、权责明确、政企分开、管理科学"的制度，是要适应市场经济发展的制度。现代企业制度的重点就是产权清晰。产权清晰是建立现代企业制度的基础与核心，是对责权利边界的界定。产权清晰就要使每一个产权主体、每一种产权关系实现独立性与完整性的统一，不至于产生责任相互推诿、权力利益相互争抢的现象。法人治理结构就是产权关系清晰的具体实现。法人治理结构要求明确股东会、董事会、监事会和经理层的职责，形成各负其责、协调运转、有效制衡的公司法人治理结构。因此，产权制度改革是建设现代企业制度的基础，法人治理结构是建设现代企业制度的核心。公司制及其有限责任制度，是人类经济活动中处理复杂问题的一大发明，它将人们不同的才能和不同的权力有机地组合为一个整体。在企业的责权利界定清晰之后，投资人、管理层和监督者之间能够相互制衡。

建立现代企业制度的重要实现形式是建立股份制企业。股份制是以集资入股的方式建立起来的一种经济组织。向股份制组织投入资产的所有者就成为股东，他们是股份制经济组织中最为主要的利益主体。股份制组织的具体含义可以从以下几个方面来理解。首先，股份制是一种投资方式。在现实社会中，资金等各种生产要素往往是分散在不同的所有者或社会主体手中的。要从事工商业活动，就需要把这些分散的生产要素动员起来，集中起来，形成必要的投资规模和有效的生产要素组合。股份制为动员和集中社会闲散和分散的生产要素提供了有效的方法和途径。其次，股份制是一种动态的财产组织形式。把自己所拥有的财产作为资产投入运营，追求资产的保值增值，成为现代一种具有普遍代表性的财产占有方式。股份制作为一种具有普遍意义的投资方式，自然也成为人们经营自己财产、追求财产保值增值的有效方式。再次，股份制是一种现代企业组织经营方式。股份制之所以成为企业的首选组织模式，是因为它的组织结构既有利于企业管理组织的科学化，也有利于企业的发展壮大。最后，股份制是一种分配方式。通过股份制，社会成员所拥有的生产要素转化为企业资产，生产要素所有者转变为企业股东，他们不但拥有对企业资产的所有权，还拥有收益权，从而形成按生产要素分配的分配方式。

1993年是我国股份制试点迅速发展的一年。最引人注目的是上市公司的数量增长很快，年初上市公司数量只有52家，到年末已有182家，其中发行了B股的上市公司从年初的18家增加到33家。党的十五大对作为现代企业制度的股份公司制度给予充分肯定，在公有制理论上实现了重大突破。我国发展股份制经济的核心问题是国有企业的股份制改造问题，也就是国有企业产权关系变革问题。通过股份制变革国有企业的产权关系，能够从根本上改变国有经营性资产的组织方式和实现形式，从以往国家的单一产权垄断和直接经营管理企业，改变为国有资产对股份制企业的参股、控股，国有资产成为社会多元化投资主体的一员，不再进入直接生产过程去控制企业，而是以实现资产的保值增值为基本目的。

4. 建立国有资产管理制度与实施国有企业战略重组

2003年3月10日，看似平常的一天发生了一些不平常的事情。当天的十届全国人大一次会议上，出现了一个新的机构名称：国务院国有资产监督管理委员会（简称国资委）。国资委的出现，对中国国企改革影响深远。4月5日，国资委主要职责经国务院审议通过：代表国家履行出资人职责，监管国有资产，确保国有资产保值增值，进一步搞好国有企业。4月6日，国资委在北京市宣武门西大街26号低调挂出了牌子。尽管挂牌低调，但作用巨大：解决了国有资产多头管理和出资人不到位等体制障碍，成为深化行政管理体制改革和转变政府职能、实现政资分开的重大举措。之后的10年，国资委对央企开展了管理、产业布局、产权多元化等几方面的改革。这一系列的改革有一个根本的目标：减少央企的数量，提高央企的影响力。

实施中央企业重组，是国有企业战略性改组的重要措施。按照产权关系清晰、管理层次精简、组织结构合理、主营业务突出的要求，180多家中央企业之间及其内部合并重组步伐加快。截至2004年12月1日，国务院国资委履行出资人职责的企业总数由2004年1月8日的189户减少为181户。与此同时，地方国有中小企业的改制进一步加快，大多数省份国有中小企业改制率达到80%。通过改制，大多数地方国有中小企业普遍实现了产权多元化，企业转变了机制，经济效益明显提高。我国调整国有经济布局的实践，基本上可以总结为三条：一是收缩战线，抓大放小，同时优化国有经济的产业布局；二是实现国有企业股权多元化，发展混合所有制来发展国有经济；三是通过对国家经济命脉产业的控制来强化国有经济的控制力。

5. 新时代进一步深化国有企业改革

2015年8月，《中共中央、国务院关于深化国有企业改革的指导意见》正式出台，在分类推进国有企业改革、完善现代企业制度、完善国有资产管理体制、发展混合所有制经济、强化监督防止国有资产流失、加强和改进党对国有企业的领导等方面作出系统部署。在这个指导意见指引下，国资委会同有关部门出台了36个配套文件，共同构成了"1+N"文件体系及有关细则。至此，国有企业改革"四梁八柱"已基本形成。

分类改革是一个巨大的进步。根据国有资本的战略定位和发展目标，结合不同国有企业在经济社会发展中的作用、现状和发展需要，将国有企业分为商业类和公益类。商业一类（竞争类）国有企业的目标在于实现效益最大化，按照现代企业制度的要求，其在治理结构上，加强董事会建设，董事长为法定代表人，原则上兼任党委书记，与总经理分设。深化改革上，以公众公司为主要实现形式发展混合所有制经济。混合所有制企业不再是国有"一股独大"，需要一套良性的制衡机制，倒逼企业审视、修订原有的管理制度和管理流程。为此，股东对公司的管理要从原来的直接管、管全面改变为间接管、管重点，按照法人治理结构，管章程、管派出董监事，通过董事会、监事会体现股东意志来实施管控，实现股东收益最大化。商业二类（功能类）国企承担着诸多事关国家长远发展的战略任务和重大专项任务，事关经济社会发展大局，更关乎群众利益福祉。为此，对于功能类企业而言，其目标导向以完成战略任务或重大专项任务为重点，兼顾经济效益，力求成为保障国家安全、实现重大攻关的顶梁柱企业。公益类国有企业以保障民生、服务社会、提供公共产品和服务为主要目标，引入市场机制，提高公共服务效率和能力。在涉及环境、水务、交通、电力、能源等公益性较强的经济领域，国有企业发挥着不可替代的关键作用。深化公益类企业改革，探索出这类企业的市场化改革之路，对于推进整个国企改革意义重大。

国有资本投资运营公司是实现国有资产有序进退、优化产业布局、资本运作、资产重组整合、产业持股管理、历史问题解决的操作平台。国有资本投资运营公司在顶层设计中被定义为两种类型的公司。国有资本投资公司以产业投资为主，围绕战略性产业进行产业链布局，更侧重于投资与投资后的持股管理，与所出资企业强调的是以资本为纽带的投资与被投资的关系，重点在增量上做文章。根据功能和任务的侧重点不同，国有资本投资公司可进一步细分为政策性投资公司与商业性投资公司。政策性投资公司主要侧重公共服务、基础设施、资源和支柱性产业等的投资，商业性投资公司主要侧重新产业、新方向的战略性投资。国有资本运营公司更侧重资本运作与资产经营功能，主要开展股权运营、资产管理以及解决历史遗留问题，着力改善国有资本的分布结构和质量效益，突出市场化的改革措施和管理手段，实现国有资本的保值增值，在存量上加强流动性。国有资本运营公司也可进一步细分为持股类资本运营公司与资产经营类资本运营公司，持股类资本运营公司侧重股权的流动，资产经营类资本运营公司侧重资产整合、改制重组、资产处置等。

防止国资流失一直是国企改革中的焦点问题。这一话题随着新一轮国企改革的推进而更加引人关注。中央纪委国家监委网站2015年7月13日刊文《全面从严治党　国企尤为紧迫》，文章称：在中管国有重要骨干企业专项巡视中发现，有的企业以改革为名，打着建立现代企业制度的旗号，贱卖贵买、予取予求，侵吞国有资产如探囊取物。各个改革时期，国有资产的流失都是党中央、国务院重点防范的领域。从每个时期的贪腐案件以及党的十八大以来密集查处的腐败案件中，不难找到国有资产流失的原因所在。国有资产流失主要发生在投入、管理、激活、释放红利、改制重组的过程中。有的是在投入期间投少报多，有的是在管理期间监守自盗，有的是在激活过程中里应外合，有的是在释放红利的过程中将盈利谎报成亏损，更多的是在改革改制重组的过程中集团式打包侵吞。国企是国有资产最为集中的地方之一，盘子大、资金密集，且涉及面广、内容庞杂，改革过程中很可能留下空当。一些大型国企存在"塌方式腐败""系统性腐败""链条式腐败"。为了切实加强和改进企业国有资产监督、防止国有资产流失，国务院办公厅于2015年11月发布了《关于加强和改进企业国有资产监督防止国有资产流失的意见》，主要从着力强化企业内部监督、切实加强企业外部监督、实施信息公开加强社会监督、强化国有资产损失和监督工作责任追究几个方面防止国有资产流失。

积极发展混合所有制经济，是新形势下坚持公有制主体地位，增强国有经济活力、控制力、影响力的一个有效途径和必然选择。只有国企民企携手，才能达到"1＋1＞2"的效果。国企改革的本质是理顺政府、市场和企业的关系，充分发挥市场在资源配置中的决定性作用，以及企业在市场中的主体作用。鼓励和支持非公有制经济发展，实现多种所有制经济成分并存是我国经济结构调整的必然选择，因此在国有资本中引入非公经济成分，开展混合所有制改革，是激发国企活力、实现创新发展的必由之路。通过放大国有资本功能，可以充分发挥民营资本等非公主体的活力和创造力，激发国有资本在市场活动中的主观能动性，实现创新发展；在混合所有制改革中同步开展员工持股，通过激励机制的创新，可以激发员工创新创业活力，改变传统体制下吃"大锅饭"的惰性现象，提高员工积极性和创新精神，促进企业做强做优做大。

（三）国有企业是我们党执政兴国的重要支柱和依靠力量

新中国成立70多年来特别是改革开放以来，我们党带领全国人民坚持走社会主义道路，取得了举世瞩目的成就。国有企业为新中国建立完整和独立的工业体系作出了巨大贡献，使积贫积弱的旧中国变成生机盎然、蓬勃发展的新中国；也为改革开放打下了坚实的基础，立下了汗马功劳。国有企业改革从初期的放权让利、承包经营到建立现代企业制度，从破产关闭、重组并购到国有经济布局战略性调整，从3年改革脱困到做强做优做大、培育具有国际竞争力的世界一流企业，经历了不断探索、不断深化改革的历程，走出了一条中国特色的国企改革之路。2016年10月，习近平总书记在全国国有企业党的建设工作会议上强调：要通过加强和完善党对国有企业的领导、加强和改进国有企业党的建设，使国有企业成为党和国家最可信赖的依靠力量，成为坚决贯彻执行党中央决策部署的重要力量，成为贯彻新发展理念、全面深化改革的重要力量，成为实施"走出去"战略、"一带一路"建设等重大战略的重要力量，成为壮大综合国力、促进经济社会发展、保障和改善民生的重要力量，成为我们党赢得具有许多新的历史特点的伟大斗争胜利的重要力量。新中国成立70多年来，国有企业经历了从无到有、从发展到改革的历程，国有企业70多年的发展实践充分证明了国有企业是中国社会主义经济实践的中流砥柱，是中国特色社会主义的重要物质基础和政治基础，是我们党执政兴国的重要支柱和依靠力量。

党的十八大以来，对国有企业的一系列改革，进一步厘清了政府与企业的职责边界，国有企业不断健全公司法人治理结构，建立现代企业制度，企业独立市场主体地位从根本上得到确立，活力、控制力、影响力显著增强，形成了更加成熟更加定型的中国特色现代企业制度。国有企业创造了以载人航天、北斗导航、国产航母等为代表的一批重大科技成果，有些大型装备制造企业开始走向欧美市场，展现了较强的竞争力。一次又一次的事实证明，我国的国有企业在关键时刻是能"扛得起大梁的"。面向未来，在全面建设社会主义现代化国家的新征程上，国有企业要继续"扛大梁"。

1. 国有企业始终将实现共同富裕的目标作为发展壮大的使命

中国国有企业的建立与中华人民共和国的建立是同时起步的。新中国成立之后，中国选择国有化的工业之路，固然有学习和照搬苏联模式的意识形态因素，但也有当时国内经济形势和国际政治背景下的必然性。毛泽东主席指出："如果我们在生产工作上无知，不能很快地学会生产工作，不能使生产事业尽可能迅速地恢复和发展，获得确实的成绩，首先使工人生活有所改善，并使一般人民的生活有所改善，那我们就不能维持政权,我们就会站不住脚,我们就会要失败。"[①] 新中国成立初期的中国经济,可以用基础薄弱、一穷二白、城乡凋敝来形容。那时,不仅仅是中国内部经济形势危如累卵,国际上西方国家也对东方这个新生政权虎视眈眈。就是在内外部错综复杂的不利环境下,通过社会主义改造,中国迅速实现了国有化,形成了以工商业全民所有制为主体的"国营企业"支柱,使经济命脉掌握在国家手中,使经济发展的成果由全体人民共享。

坚持公有制为主体和共同富裕密不可分。共同富裕是坚持公有制为主体的必然结果,公有制为主体是实现共同富裕的内在要求。邓小平同志指出,社会主义的目的就是全国人民共同富裕,不是两极分化。社会主义与资本主义的不同点,就是共同富裕,不搞两极分化。共同富裕作为中国改革开放的一大根本原则,必须在国有企业发展壮大中得到具体落实和充分体现。国有企业是全国人民的企业,是造福全民、服务社会的企业。国有企业效益提升,最能得到实惠的就是国有企业的"大股东"——全国人民。做强做优做大国有企业,发展壮大国有经济,对于发挥社会主义制度的优越性,增强我国经济实力、国防实力、国家竞争力和民族凝聚力,具有关键性作用;对于提高人民生活水平,实现共同富裕,保持社会稳定,建设中国特色社会主义,具有十分重要的意义;对于后起工业化国家实现"换道超车",实现从跟跑到并跑再到领跑的巨大飞跃,具有十分重要的意义。

2. 国有企业始终将坚持党的集中统一领导作为发展壮大的法宝

党中央历来高度重视国有企业党的建设。党的十五届四中全会明确提出加强和改善党的领导是加快国有企业改革和发展的根本保证。要搞好国有企业,必须建立符合市场经济规律和我国国情的国有企业领导体制与组织管理制度,加强企业领导班子建设,发挥企业党组织的政治核心作用。党的十六大以来,党中央对国有企业党的建设提出了一系列新要求。2016 年 10 月 10 日,全国国有企业党的建设工作会议召开,

---

[①] 《毛泽东选集》(第四卷),人民出版社 1991 年版,第 1428 页。

习近平总书记强调："坚持党对国有企业的领导是重大政治原则，必须一以贯之；建立现代企业制度是国有企业改革的方向，也必须一以贯之。要把加强党的领导和完善公司治理统一起来，建设中国特色现代国有企业制度。""中国特色现代国有企业制度，'特'就特在把党的领导融入公司治理各环节，把企业党组织内嵌到公司治理结构之中，明确和落实党组织在公司法人治理结构中的法定地位，做到组织落实、干部到位、职责明确、监督严格，不能搞成摆设。"[①] 坚持党对国有企业的领导，不能仅仅体现在形式上，体现在召开了多少次会议上，国有企业党组织工作的出发点和落脚点是提高企业效益、增强企业竞争实力、实现国有资产保值增值。把企业党组织内嵌到公司治理结构之中，就是把方向、管大局、保落实。

坚持党的领导，就是要坚定不移地走中国特色社会主义的国有企业道路。中国共产党第十八次全国代表大会，是在我国进入全面建成小康社会决定性阶段召开的一次十分重要的大会。这次大会指出：我们坚定不移高举中国特色社会主义伟大旗帜，既不走封闭僵化的老路、也不走改旗易帜的邪路。这是党的选择，也是历史的选择、人民的选择。话语精练但道理深刻。国有企业改革更应该坚定不移高举中国特色社会主义伟大旗帜，既不走计划经济、政企不分的老路，也不走私有化、民营化的邪路。不走老路，不走邪路，要走正路。这条正路就是中国特色社会主义国有企业走的道路，这是一条前无古人的路。

坚持党的领导，就是要确立党组织在国有企业法人治理结构中的法定地位。在国有企业改革过程中，把加强党的领导和完善公司治理统一起来，要明确企业党组织在公司法人治理结构中的法定地位。这就要求在深化国有企业改革中，必须毫不动摇地坚持党的领导，绝不能让党的领导游离于公司法人治理结构之外、绝不能把党的领导虚置化、绝不能把党在国有企业的政治基础和组织基础抽空。建立中国特色现代国有企业制度，其核心就在于党组织是公司法人治理结构的重要组成部分，就

[①] 习近平：《论坚持党对一切工作的领导》，中央文献出版社 2019 年版，第 148 页。

在于充分发挥党建工作与公司治理两个优势。国有企业党的建设要朝着党的建设科学化方向发展，实现充分发挥党组织政治核心作用和健全公司法人治理结构的有机统一。

坚持党的领导，坚持党管干部的原则。坚持党对国有企业的领导不动摇，就要保证党对干部人事工作的领导权和对重要干部的管理权，保证人选政治合格、作风过硬、廉洁不出问题。就要让国有企业领导人员在工作一线摸爬滚打、锻炼成长，把在实践中成长起来的良将贤才及时选拔到国有企业领导岗位上来。就要坚持党组织对选人用人的领导和把关作用不能变。选人用人的第一条标准，要求国企领导始终做政治上的明白人。讲政治不是一句空话、不是纸上谈兵，经济里头有政治、政治里头有经济。党的建设贯穿企业改革发展全过程，自觉把党中央的决策部署落实到经营管理之中，更好地服务国家战略，真正把党的主张落实到企业内部制度建设上，落实到董事会决策程序上，落实到企业经营管理中。选人用人的第二条标准，要求国企领导始终做现代企业的掌舵人。作为国有企业负责人，要科学判断经济发展和市场竞争变化，提高鉴别判断能力，为企业科学决策把握好方向，坚持以科学战略引领企业发展。国有企业注重把党的领导与公司治理统一起来，将党委会内嵌到企业治理结构中，把党建工作要求写入公司章程，明确和落实党委在公司法人治理结构中的法定地位，实行"党委会前置程序"。选人用人的第三条标准，要求国企领导始终做干事创业的带头人。坚持以身作则、以上率下，努力走在前列、干在实处。坚持"两手抓"，坚持党建工作和中心工作同谋划、同部署、同考核。牢固树立党委书记第一责任人、树立"抓好党建是本职、不抓党建是失职、抓不好党建是渎职"的责任意识。

3. 国有企业始终将生产力标准作为发展壮大的关键

坚持发展是解决国有企业改革中一切问题的总钥匙。国有企业取得今天这样的成就，就是因为坚持了"发展是硬道理"的观点，把发展经济放到压倒一切的首位，坚持发展、加快发展、不停顿地发展。发展不仅是经济问题，更是政治问题，世界各国都把发展作为本国的战略核心，中国也必须把发展作为自己最基本的战略。从方法意义上讲，扭住中心不放，就是要求国有企业在改革中，认准方向，站稳脚跟，排除一切干扰，努力强化和发展自身。正所谓，咬定青山不放松，任尔东西南北风。

坚持提高企业经济效益是国有企业发展壮大的首要目标。企业是生产力的基本组织形式，企业是否具有活力，决定着生产力水平能否迅速提高，所以国企改革的目的要通过增强活力表现出来，由此国企改革的根本目的又可表述为增强企业活力。1984年党的十二届三中全会作出的《中共中央关于经济体制改革的决定》中明确规定：具有中国特色的社会主义，首先应该是企业有充分活力的社会主义。城市经济体制改革的中心环节，就是搞活国有大中型企业。提高企业经济效益是国企改革根本目的的表现形式。国有企业效益的提高，得益于市场竞争机制充分发挥作用。国有企业大多是处于充分竞争行业和领域的商业类国有企业，因此要按照市场化要求实行商业化运作，以增强国有经济活力、放大国有资本功能、实现国有资产保值增值为主要目标，独立自主开展生产经营活动，实现优胜劣汰、有序进退。考核上要重点考核经营业绩指标、国有资产保值增值和市场竞争能力。正是在这种竞争体制的倒逼下，国有企业如"逆水行舟，不进则退"，企业效益只有"节节攀升"，才能在激烈的竞争环境下存活下去。在党的十九大报告里，习近平总书记把对国有企业发展的新要求，进一步聚焦到"培育具有全球竞争力的世界一流企业"。在这里，习近平总书记已不是泛泛地讲国有企业要有"竞争力""市场竞争力""国际竞争力"，而是强调国有企业要有"全球竞争力"，并且成为"世界一流"，这种战略性的目标定位是前所未有的，具有重要的划时代意义。党的二十大明确要求，推动国有资本和国有企业做强做优做大，提升企业核心竞争力。国有企业就是要通过提升企业核心竞争力，加快建设世界一流企业，充分发挥国有经济战略支撑作用。

坚持结构调整是国有企业发展壮大的内在要求。中国经济发展进入新常态，这是中国经济向形态更高级、分工更优化、结构更合理阶段演进的必经过程。在新常态下，企业经济效益从哪里来？只能从经济结构调整中来。习近平总书记指出，供给侧结构性改革，重点是解放和发展社会生产力，用改革的办法推进结构调整，减少无效和低端供给，扩大有效和中高端供给，增强供给结构对需求变化的适应性和灵活性，提高全要素生产率。从长期来看，国有企业专业化重组整合有利于减少低水平重复投资和内部竞争，降低包括管理成本在内的多种交易成本，有利于统一品牌，集中研发和营销资源，发挥协同效应，从而有利于形成核心竞争力。国有企业集团公司推进专业化重组整合的指导思想概括起来就是两个字——发展，不发展谁都不高兴，只有发展才能皆大欢喜。国有企业就是用"发展"来统一思想，形成共识。

坚持创新引领是国有企业发展壮大的核心动力。马克思说过，科学技术是生产力。邓小平同志讲，科学技术是第一生产力。习近平总书记特别强调，社会生产力发展和综合国力提高，最终取决于科技创新。当前，从全球范围看，科学技术越来越成为推动经济社会发展的主要力量。可以说，每一次产业革命，都为一个新兴大国的崛起提供了一次难得的机遇，就看这个大国能不能引领产业革命，能不能站在该次产业革命的风口浪尖上。企业是科技和经济紧密结合的重要力量，应该成为技术创新决策、研发投入、科研组织、成果转化的主体。作为一个后起的工业化国家，我国的创新能力与发达国家存在较大差距，如何实现赶超？国有企业发挥了重要的作用。

坚持改革是国有企业发展壮大的必由之路。邓小平同志在1985年讲道，改革是中国的第二次革命，是中国发展生产力的必由之路。为了发展生产力，必须对我国的经济体制进行改革。党的十一届三中全会以来，我们逐步进行改革，改革首先从农村开始。有了农村改革的经验，1984年下半年开始城市经济改革。城市经济改革，就是要将社会主义和市场经济结合在一起。邓小平认为，社会主义和市场经济不存在根本矛盾。1992年2月10日，邓小平同志南方视察期间视察中国电子集团所属企业上海贝岭。在集成电路制造车间观察窗前，面对从美国进口的大束流离子注入机，邓小平同志向陪同人员提出了这样一个问题：你们看，这些设备是姓"资"还是姓"社"？而后他指着机器坚定地说，它们姓"社"。资本主义国家的设备拿来为我们所用，那就是姓"社"了。这段讲话为加快建立中国特色社会主义市场经济体制拨开了迷雾、指明了方向，也激励了国有企业深化改革、砥砺前行的梦想和担当。1993年召开的党的十四届三中全会，通过了《中共中央关于建立社会主义市场经济体制若干问题的决定》，明确提出国有企业改革的方向是建立现代企业制度，国有企业改革进入了一个制度创新的阶段。1997年9月，党的十五大报告指出：建立现代企业制度是国有企业改革的方向。1999年9月，党的十五届四中全会通过的《中共中央关于国有企业改革和发展若干重大问题的决定》指出：建立现代企业制度，是发展社会化大生产和市场经济的必然要求，是公有制与市场经济相结合的有效途径，是国有企业改革的方向。2002年11月，党的十六大报告明确指出：继续调整国有经济的布局和结构，改革国有资产管理体制，是深化经济体制改革的重大任务。2003年10月，党的十六届三中全会提出：要使股份制成为公有制的主要实现形式。经过20年漫长的探索，终于确定了股份制作为公有制主要实现形式的地位。2007年10月，党的十七大报告指出：深化国有企业公司制股份制改革，健全现代企业制度，优化国有经济布局和结构，增强国有经济活力、控制力、影响力。2013年11月，党的十八届三中全会提出：国有资本、集体资本、非公有资本等交叉持股、相互融合的混合所有制经济，是基本经济制度的重要实现形式，有利于国有资本放大功能、保值增值、提高竞争力，有利于各种所有制资本取长补短、相互促进、共同发展。2017年10月，党的十九大报告指出：深化国有企业改革，发展混合所有制经济，培育具有全球竞争力的世界一流企业。2022年10月，党的二十大报告提出：要深化国资国企改革，加快国有经济布局优化和结构调整。只有通过深化改革，才能加快完善中国特色现代企业制度，让国有企业运转更高效。

4. 国有企业始终将处理好改革发展稳定的关系作为发展壮大的保障

70多年来，我们既大力推进国有企业改革发展，又正确处理改革发展稳定关系，坚持改革是动力、发展是目的、稳定是前提，把不断提高国有企业经济效益作为处理改革发展稳定关系的重要结合点，在社会稳定中推进国有企业改革发展，通过国有企业改革发展促进社会稳定。在当今世界发生广泛而深刻变化、当代中国发生广泛而深刻变化、国有企业竞争环境日趋激烈的大环境下，始终保持国有企业稳定发展。

国有企业的改革发展稳定是内在统一的关系。搞好国有企业的改革和发展，是实现国家长治久安和保持社会稳定的重要基础。必须正确处理改革、发展、稳定的关系，改革的力度、发展的速度要同国力和社会承受能力相适应，努力开创改革、发展、稳定相互促进的新局面。实现国有企业改革发展稳定统一，既是关系我国社会主义现代化建设全局的重要指导方针，又是做强做优做大国有企业的根本原则。推动社会主义现代化不断前进，必须自觉调整、改革生产关系和生产力、上层建筑和经济基础不相适应的方面和环节。我们既坚定不移大胆探索、勇于创新，又总揽全局、突出重点，先易后难、循序渐进，在实践中积累经验，不断提高国有企业改革决策科学性、增强改革措施协调性，推进经济体制、政治体制、文化体制、社会体制、生态文明体制以及其他各方面改革相协调，使国有企业改革获得广泛而深厚的群众基础。国有企业改革及时总结实践经验，对的就坚持，不对的赶快改，新问题出来抓紧研究解决。在这个过程中，我们深刻认识到，发展是硬道理，稳定是硬任务；没有稳定，什么事情也办不成，已经取得的成果也会失去。正确把握和处理国企改革中出现的各种矛盾，加强和改进思想政治工作，健全党和政府主导的维护国企员工权益机制。国企改革始终从维护我国发展的重要战略机遇期、维护国家安全、维护最广大人民根本利益的高度出发，全面把握我国社会稳定大局，有效应对影响社会稳定的各种问题和挑战，确保人民安居乐业、社会安定有序、国家长治久安。

做好减员增效、再就业和社会保障是国有企业稳定的前提。下岗分流、减员增效和再就业，是国有企业改革的重要内容。国有企业员工是国有企业最宝贵的财富，为国有企业的发展壮大作出了重要贡献。国有企业改革把减员与增效有机结合起来，达到降低企业成本、提高效率和效益的目的。鼓励有条件的国有企业实行主辅分离、转岗分流，创办独立核算、自负盈亏的经济实体，安置企业富余人员，减轻社会就业压力。在"减员"的过程中，规范职工下岗程序，认真办好企业再就业服务中心，切实做好下岗职工基本生活保障工作，维护社会稳定。同时做好再就业工作。采取有效的政策措施，广开就业门路，增加就业岗位。积极发展第三产业，吸纳更多的下岗职工。引导职工转变择业观念，下大力气搞好下岗职工培训，提高他们的再就业能力。加快社会保障体系建设，是顺利推进国有企业改革的重要条件。在完善社会保障体系的过程中，一项重要的政策就是扩大养老、失业、医疗等社会保险的覆盖范围，城镇国有、集体、外商投资、私营等各类企业及其职工都要参加社会保险，缴纳社会保险费。通过这些措施，解除下岗人员和再就业人员的后顾之忧，最大程度保障国有企业改革过程的稳定。

（四）非公有制经济已经成为推动我国发展不可或缺的力量

非公有制经济是我国经济的重要组成部分。必须毫不动摇鼓励、支持、引导非公有制经济发展，注重发挥企业家才能，全面落实促进民营经济发展的政策措施，增强各类所有制经济活力，让各类企业法人财产权依法得到保护。

民营企业不断发展壮大，已经成为推动我国发展不可或缺的力量，成为创业就业的主要领域、技术创新的重要主体、国家税收的重要来源，在社会主义市场经济发展、政府职能转变、农村富余劳动力转移、国际市场开拓等方面发挥了重要作用。民营经济是我国经济制度的内在要素，民营企业和民营企业家是我们自己人。民营经济是社会主义市场经济发展的重要成果，是推动社会主义市场经济发展的重要力量，是推进供给侧结构性改革、推动高质量发展、建设现代化经济体系的重要主体，也是我们党长期执政、团结带领全国人民实现中华民族伟大复兴中国梦的重要力量。

到2021年底，我国已有1.5亿户市场主体，绝大多数是民营企业和个体户，成为拉动我国经济发展的活力之源。民营企业是在改革开放中成长壮大的，全面深化改革为民营企业构建了更好的营商环境，缩减了市场准入负面清单，清单之外的领域可以自由进入，打破了"玻璃门""弹簧门"等壁垒，保护了民营企业的合法财产，让民营企业安心谋发展，民营企业的活力和创造力不断增强。2020年，在深圳特区成立40周年的时候，深圳产生了6个90%：90%的创新型企业为本地企业，90%的研发人员在企业，90%的研发投入源自企业，90%的专利产生于企业，90%的研发机构建在企业，90%的重大科技项目由龙头企业承担。企业和市场，在科技创新中发挥了主导作用。

二、按劳分配为主体、多种分配方式并存是"必然选择"

坚持按劳分配为主体、多种分配方式并存。坚持多劳多得，着重保护劳动所得，增加劳动者特别是一线劳动者劳动报酬，提高劳动报酬在初次分配中的比重。健全劳动、资本、土地、知识、技术、管理、数据等生产要素由市场评价贡献、按贡献决定报酬的机制。

（一）所有制制度是分配制度的基础

生产资料所有制是生产关系的基础。不同的生产资料所有制决定了不同要素所有者在生产中的地位和相互关系，进而决定了分配方式和分配关系。我国以公有制为主体、多种所有制经济共同发展的基本经济制度决定了我国实行按劳分配为主体、多种分配方式并存的收入分配制度。所有制决定分配关系的原理，是不同的社会经济制度总结出的共同规律。马克思在《资本论》中写道："凡是社会上一部分人享有生产资料垄断权的地方，劳动者，无论是自由的或不自由的，都必须在维持自身生活所必需的劳动时间以外，追加超额的劳动时间来为生产资料的所有者生产生活资料，不论这些所有者是雅典的贵族，伊特鲁里亚的神权政治首领，罗马的市民，诺曼的男爵，美国的奴隶主，瓦拉几亚的领主，现代的地主，还是资本家。"[①] 分配关系由所有者决定的基本规律，

---

① 《马克思恩格斯全集》（第四十四卷），人民出版社2001年版，第272页。

在不同的社会制度中都是真理。

(二) 坚持完善我国基本分配制度

在社会主义初级阶段，实行按劳分配和按要素分配相结合的分配原则，是由多种所有制并存所决定的。必须完善收入分配制度，坚持按劳分配为主体、多种分配方式并存的制度，把按劳分配和按生产要素分配结合起来，处理好政府、企业、居民三者分配关系。资本、技术、土地等不同的生产要素和劳动要素一样，都参与到社会价值的分配中来。实践证明，这一制度安排有利于调动各方面积极性，有利于实现效率和公平有机统一。由于种种原因，目前我国收入分配中还存在一些突出的问题，主要是收入差距较大、劳动报酬在初次分配中的比重较低、居民收入在国民收入分配中的比重偏低。对此，我们要高度重视，努力推动居民收入增长和经济增长同步、劳动报酬提高和劳动生产率提高同步，不断健全体制机制和具体政策，调整国民收入分配格局，持续增加城乡居民收入，不断缩小收入差距。一是要提高人力资本质量，增强劳动者收入能力。收入来自劳动创造的财富，增加收入的根本举措就是提高劳动者的素质和能力。二是要切实保障劳动者正当合法劳动收入，巩固初次分配中的按劳分配制度。建立职工工资正常增长机制，促进劳动报酬收入与经济发展同步增长。三是要健全要素市场体系，发挥市场机制对现代要素资源配置的决定性作用。要尊重科学研究规律，让创新领军人才拥有更大的人财物支配权，鼓励推进员工持股制度。四是要增加居民的财产性收入。完善上市公司的分红制度，让股东得到实实在在的回报。

(三) 构建初次分配、再分配、第三次分配协调配套的制度安排

初次分配主要由市场机制形成，是按照各生产要素对国民收入贡献的大小进行的分配。既要坚持多劳多得，增加劳动者特别是一线劳动者劳动报酬，提高劳动报酬在初次分配中的比重；又要健全劳动、资本、土地、知识、技术、管理、数据等生产要素由市场评价贡献、按贡献决

定报酬的机制。再分配主要由政府调节机制起作用,主要手段包括税收、社会保障、转移支付等。第三次分配是在道德、文化、习惯等影响下,社会力量自愿通过民间捐赠、慈善事业、志愿行动等方式济困扶弱的行为,是对再分配的有益补充。随着我国经济发展和社会文明程度提高,社会公益和慈善意识会不断增强,第三次分配发挥的作用会越来越大。

三、使市场在资源配置中起决定性作用,更好发挥政府作用

领导干部驾驭社会主义市场经济的能力是领导经济工作专业能力的集中体现。资源配置有"两只手",一只是看不见的市场无形之"手";另一只是看得见的政府有形之"手"。深化市场取向的改革,关键是要处理好政府与市场的关系,即"看得见的手"与"看不见的手"这"两只手"之间的关系。党的十八届三中全会深刻总结历史经验,明确提出"使市场在资源配置中起决定性作用和更好发挥政府作用"的科学论断。这是我们党对中国特色社会主义规律认识的一个新突破,标志着社会主义市场经济发展进入了一个新阶段。

(一)"两只手"更加"位当"

以前,到政府部门办事,总是"打不完的电话,盖不完的公章;跑不完的腿,磨不完的嘴……",正所谓"部门一句话,群众跑断腿"。而今天,到政府办事,不再需要"过五关斩六将",门难进、脸难看、事难办的现象明显减少。"放管服"改革倒逼政府转变职能,深化简政放权,大幅削减行政审批事项,坚决砍掉各种"奇葩"证明,做到了让数据"多走路"、政府"多跑堂"、群众"少跑腿",做到了"一窗受理、集成服务"。如果说全面深化改革是"万马奔腾",那么简政放权就是"一马当先"。"放管服"改革是全面深化改革的"牛鼻子",看似是一项改革,背后却需要推进经济、社会、民主法制、反腐败等各领域各方面的改革。例如,为了让企业最多跑一次,需要推动针对企业的商事制度改革,做到"多证合一",推动企业"一照一码走天下"。事实已经证

明，政府审批部门通过"多评合一、多审合一、多测合一"，就连企业投资项目开工前审批都能做到"最多跑一次"，甚至能够做到"拿地即开工""竣工即验收"，这在过去是不可想象的。

进一步处理好政府和市场关系，实际上就是要处理好在资源配置中市场起决定性作用还是政府起决定性作用这个问题。作出"使市场在资源配置中起决定性作用"的定位，有利于在全党全社会树立关于政府和市场关系的正确观念，有利于转变经济发展方式，有利于转变政府职能。市场在资源配置中起决定性作用，并不是起全部作用。发展社会主义市场经济，既要发挥市场作用，也要发挥政府作用，但市场作用和政府作用的职能是不同的。更好发挥政府作用，强调科学的宏观调控，有效的政府治理，强调政府的职责和作用主要是保持宏观经济稳定，加强和优化公共服务，保障公平竞争，加强市场监管，维护市场秩序，推动可持续发展，促进共同富裕，弥补市场失灵。

（二）党对政府和市场关系的规律性认识

党的十二大指出，正确贯彻计划经济为主、市场调节为辅的原则，是经济体制改革中的一个根本性问题。党的十三大指出，社会主义有计划商品经济的体制，应该是计划与市场内在统一的体制。建立在公有制基础上的社会主义商品经济为在全社会自觉保持国民经济的协调发展提供了可能，我们的任务就是要善于运用计划调节和市场调节这两种形式和手段，把这种可能变为现实。社会主义商品经济的发展离不开市场的发育和完善，利用市场调节决不等于搞资本主义。党的十四大指出，我国经济体制改革的目标是建立社会主义市场经济体制，就是要使市场在社会主义国家宏观调控下对资源配置起基础性作用，使经济活动遵循价值规律的要求，适应供求关系的变化；通过价格杠杆和竞争机制的功能，把资源配置到效益较好的环节中去。党的十五大指出，充分发挥市场机制作用，进一步发挥市场对资源配置的基础性作用。党的十六大指出，坚持社会主义市场经济的改革方向，使市场在国家宏观调控下对资源配置起基础性作用。党的十七大指出，要深化对社会主义市场经济规律的认识，从制度上更好发挥市场在资源配置中的基础性作用。党的十八大指出，要加快完善社会主义市场经济体制，更大程度更广范围发挥市场在资源配置中的基础性作用。党的十八届三中全会指出，经济体制改革是全面深化改革的重点，核心问题是处理好政府和市场的关系，使市场在资源配置中起决定性作用和更好发挥政府作用。党的十九大进一步强调，使市场在资源配置中起决定性作用，更好发挥政府作用。党的二十大指出，构建高水平社会主义市场经济体制，充分发挥市场在资源配置中的决定性作用，更好发挥政府作用。

市场的作用从"基础性"上升到了"决定性"，两字之改对市场作用作出了全新的定位，是党的十八届三中全会的一大亮点，是我国社会主义市场经济内涵"质"的提升。1992年以来，对政府和市场的关系虽然在表述上有所调整，但主要是对市场作用"量"的调整、程度的加强，没有"质"的变化。这次改为"决定性"作用，就意味着其他力量可以影响和引导资源配置，但决定者只有市场。我们越来越认识到，市场是配置资源最有效率的手段，只要是市场能配置的资源，都让市场去配置，这样经济就会充满活力。放眼世界，全球经济深度调整，各个领域竞争更趋激烈，表面看是产品、技术、产业的竞争，背后则是体制机制竞争。我们只有建立和完善更有效率、更富活力的市场经济体制，才能在竞争中占据主动、赢得优势。对市场作用定位的"升级"，释放了一个非常重要的信号，就是我们党在推进市场化改革、发展社会主义市场经济体制这个问题上，是坚定不移的，不动摇、不后退、不停步，而且要有新突破、要上新台阶。

（三）政府和市场"两只手"相得益彰

要使我国经济富有活力和效率，必须充分发挥市场机制的作用，这是改革开放以来所积累的重要经验。要加快市场体系的培育和发展，凡是应当由市场调节的经济活动，要进一步放开放活，激发经济活力，由企业按市场需求自主决策和投资。明确投资主体，建立严格的投资决策责任制，强化投资风险约束机制。谁投资，谁决策，谁承担责任和风险。特别是竞争性产业，应主要由市场配置资源，基础性产业也要引入市场竞争机制。

经济发展就是要提高资源尤其是稀缺资源的配置效率，以尽可能少的资源投入生产尽可能多的产品、获得尽可能大的效益。理论和实践都证明，市场配置资源是最有效率的形式。市场决定资源配置是市场经济的一般规律，市场经济本质上就是市场决定资源配置的经济。社会主义市场经济体制也必须遵循这条规律，使市场在资源配置中起决定性作用。当然，市场在资源配置中起决定性作用，并不是起全部作用。发展社会主义市场经济，既要发挥市场作用，也要发挥政府作用。

使市场在资源配置中起决定性作用，更好发挥政府作用，既是一个重大理论命题，又是一个重大实践命题。科学认识这一命题，对推动社会主义市场经济健康有序发展具有重大意义。在市场和政府作用的问题上，要讲辩证法、两点论，"看不见的手"和"看得见的手"都要用好，形成市场作用和政府作用有机统一、相互补充、相互协调、相互促进的格局，推动经济持续健康发展。在社会主义条件下发展市场经济，是我们党的一个伟大创举。我国经济发展获得巨大成功的一个关键因素，就是我们既发挥了市场经济的长处，又发挥了社会主义制度的优越性，发挥好了社会主义基本制度与市场经济两方面的优势，做到了"有效市场"和"有为政府"的结合。一方面，让市场去配置资源是市场经济的应有之义。使市场在资源配置中起决定性作用，是深化经济体制改革的主线。党的十八届三中全会将市场在资源配置中起基础性作用修改为起决定性作用，这中间既有一脉相承、前后衔接，更有继承发展、巨大飞跃，目的就是更加突出市场的作用，把市场机制能有效调节的经济活动交给市场，把政府不该管的事交给市场，让企业和个人有更多活力和更大空间去发展经济、创造财富。另一方面，政府要为自身"定好位"，做到不越位、不缺位、不错位。要更好发挥政府作用，切实转变政府职能，深化行政体制改革，创新行政管理方式，健全宏观调控体系，加强市场活动监管，加强和优化公共服务，促进社会公平正义和社会稳定，促进共同富裕。改革的重点是解决市场体系不完善、政府干预过多和监管不到位问题。更好发挥政府作用，不是要更多发挥政府作用，而是要在保证市场发挥决定性作用的前提下，管好那些市场管不了或管不好的事情。总之，该放的一定放到位，该管的一定管好。

让市场在资源配置中起决定性作用，但不是全部作用，还要求政府这只"手"既不能越位，也不能缺位。例如，在对市场监管、食品药品的质量监督等问题上，政府这只"手"要勇担责任，积极作为，发挥好自己该发挥的作用，干好自己该干的事。为了建设有为政府，党的十八届三中全会提出，改革市场监管体系，实行统一的市场监管。党的十九届三中全会作出深化党和国家机构改革的决定，各地都整合了原工商局、质监局、食药监局三家单位的市场监管执法职能，组建成立市场监督管理局，形成了"全过程、一体化、广覆盖、无缝隙"的监管体系，解决了"铁路警察、各管一段"带来的弊端。

如何发现和培育新的增长点？一是市场要活，二是创新要实，三是政策要宽。市场要活，就是要使市场在资源配置中起决定性作用，主要靠市场发现和培育新的增长点。在供求关系日益复杂、产业结构优化升级的背景下，涌现出很多新技术、新产业、新产品，往往不是政府发现和培育出来的，而是"放"出来的，是市场竞争的结果。创新要实，就是要推动全面创新，更多靠产业化的创新来培育和形成新的增长点。政策要宽，就是要营造有利于大众创业、市场主体创新的政策环境和制度环境。政府要集中力量办好市场办不了的事，要加快转变职能，做好自己应该做的事，创造更好市场竞争环境，培育市场化的创新机制，在保护产权、维护公平、改善金融支持、强化激励机制、集聚优秀人才等方面积极作为，履行好宏观调控、市场监管、公共服务、社会管理、保护环境等基本职责。

四、加快完善社会主义市场经济体制

党的十八大以来，我们坚持全面深化改革，充分发挥经济体制改革的牵引作用，不断完善社会主义市场经济体制，极大调动了亿万人民的积极性，极大促进了生产力发展。党的二十大再次要求"我们要构建高水平社会主义市场经济体制"，要"坚持社会主义市场经济改革方向"。新时代加快完善社会主义市场经济体制，要全面贯彻新发展理念，充分发挥市场在资源配置中的决定性作用，更好发挥政府作用，使各方面体制改革都以完善社会主义市场经济体制为目标，构建市场机制有效、微观主体有活力、宏观调控有度的经济体制。

第一，要紧盯优化营商环境这个关键"抓手"。营商环境是企业生产发展的土壤，必须打造市场化、法治化、国际化的营商环境，为各类所有制企业营造公平、透明、法治的发展环境，让企业和个人有更多活力和更大空间去发展经济、创造财富。法治是最好的营商环境，要用法治来规范政府和市场的边界。随着一系列重大改革举措的持续推进，中国投资软环境将更开放、更宽松、更透明，促进内外资企业一视同仁、公平竞争，为外资企业分享中国发展机遇创造更为有利的条件。

第二，加快建设高标准市场体系，夯实市场经济基础性制度，保障市场公平竞争。坚持平等准入、公正监管、开放有序、诚信守法，形成高效规范、公平竞争的国内统一市场。要实施高标准市场体系建设行动，完善市场体系基础制度，推进要素资源高效配置，改善提升市场环境和质量，推动更高水平的市场开放，构建现代化的市场监管体系，畅通市场循环，疏通堵点，为构建双循环新发展格局提供有利的制度支撑。健全归属清晰、权责明确、保护严格、流转顺畅的现代产权制度，加强产权激励。全面实施市场准入负面清单制度，推行"全国一张清单"管理模式，维护清单的统一性和权威性。全面落实公平竞争审查制度，完善竞争政策框架，建立健全竞争政策实施机制，强化竞争政策基础地位。

第三，构建更加完善的要素市场化配置体制机制，进一步激发全社会创造力和市场活力。供求决定价格，价格调节供求，这是市场经济的基本原理。只有由市场决定的价格，才能真正引导资源的市场化配置，所以要推进要素价格市场化改革，健全主要由市场决定价格的机制，最大限度减少政府对价格形成的不当干预。同时，建立健全统一开放的要素市场,加快建设城乡统一的建设用地市场,建立同权同价、流转顺畅、收益共享的农村集体经营性建设用地入市制度。探索农村宅基地所有权、资格权、使用权"三权分置",深化农村宅基地改革试点。

第四,建设更高水平开放型经济新体制,以开放促改革促发展。实行更加积极主动的开放战略,全面对接国际高标准市场规则体系,实施更大范围、更宽领域、更深层次的全面开放。以"一带一路"建设为重点构建对外开放新格局,坚持互利共赢的开放战略,推动共建"一带一路"走深走实和高质量发展,促进商品、资金、技术、人员更大范围流通,依托各类开发区发展高水平经贸产业合作园区,加强市场、规则、标准方面的软联通,强化合作机制建设。加大西部和沿边地区开放力度,推进西部陆海新通道建设,促进东中西互动协同开放,加快形成陆海内外联动、东西双向互济的开放格局。加快自由贸易试验区、自由贸易港等对外开放高地建设,深化自由贸易试验区改革,在更大范围复制推广改革成果。积极参与全球经济治理体系变革,维护完善多边贸易体制,维护世界贸易组织在多边贸易体制中的核心地位,积极推动和参与世界贸易组织改革,积极参与多边贸易规则谈判,推动贸易和投资自由化便利化,推动构建更高水平的国际经贸规则。

第五,完善社会主义市场经济法律制度,强化法治保障。以保护产权、维护契约、统一市场、平等交换、公平竞争、有效监管为基本导向,不断完善社会主义市场经济法治体系,确保有法可依、有法必依、违法必究。完善物权、债权、股权等各类产权相关法律制度,从立法上赋予私有财产和公有财产平等地位并平等保护。健全破产制度,改革完善企业破产法律制度,推动个人破产立法,建立健全金融机构市场化退出法规,实现市场主体有序退出。深化行政执法体制改革,最大限度减少不必要的行政执法事项,规范行政执法行为,进一步明确具体操作流程。

第六章

提升领导干部宏观经济治理能力

党的十八大以来,以习近平同志为核心的党中央在宏观经济治理领域提出了一系列重大科学判断、政策方针,形成了一系列实践创新成果。2020年5月,《中共中央、国务院关于新时代加快完善社会主义市场经济体制的意见》提出"宏观经济治理"概念,指出要"完善宏观经济治理体制""进一步提高宏观经济治理能力"。完善宏观经济治理是提升政府经济治理能力的重要内容,宏观经济治理的重要性不断提升,涵盖的范围比宏观调控更宽更广。

一、坚持"稳字当头、稳中求进"的总方针

新时代的宏观经济治理,在把握新发展阶段与贯彻新发展理念过程中与时俱进,需要做到宏观政策稳健有效,微观政策持续激发市场主体活力,结构政策着力畅通国民经济循环,科技政策扎实落地,改革开放政策激活发展动力,区域政策增强发展的平衡性协调性,社会政策兜住兜牢民生底线。2021年和2022年中央经济工作会议都指出了我国经济发展面临的三重压力,即需求收缩、供给冲击和预期转弱。从导致三重压力的原因来看,一是世纪疫情的冲击。国际疫情的蔓延使世界经济不稳定不确定因素显著增多,疫情大流行影响广泛深远,我国经济发展面临的困难和挑战不断增加。二是百年变局加速演进。近年来,世界最主

要的特点就是一个"乱"字,未来还会继续"乱"下去。百年变局是世界之变、时代之变、历史之变,新冠疫情全球大流行使这个大变局加速演进。随着新一轮科技革命和产业革命孕育兴起,变局中也潜藏着新局,关键在于我们能否引领本轮产业革命。三是外部环境更趋复杂严峻和不确定。国际形势的不稳定性不确定性明显增加,经济全球化遭遇逆流,民粹主义、排外主义抬头,单边主义、贸易保护主义、霸权主义对世界和平与发展构成威胁,国际经济、科技、文化、安全、政治等格局都在发生深刻复杂变化,我国将面对更多逆风逆水的外部环境。

我国经济韧性强,长期向好的基本面不会改变。面对三重压力,我们更要坚定不移做好自己的事情,不断做强经济基础。2021年末召开的中央经济工作会议要求,2022年经济工作要稳字当头、稳中求进,必须坚持高质量发展,坚持以经济建设为中心,推动经济实现质的稳步提升和量的合理增长。2022年末召开的中央经济工作会议进一步要求,2023年要继续实施积极的财政政策和稳健的货币政策,加大宏观政策调控力度、加强各类政策协调配合,形成共促高质量发展合力。要全面深化改革开放,大力提振市场信心、把实施扩大内需战略同深化供给侧结构性改革有机结合起来,突出做好稳增长、稳就业、稳物价工作,有效防范化解重大风险,推动经济运动整体好转,实现质的有效提升和量的合理增长,为全面建设社会主义现代化国家开好局起好步。

1. 宏观政策要稳健有效

经过40多年改革建立起来的社会主义市场经济体制,能够较好地发挥经济稳定器的作用,有些事情不用政府去做,市场会自动调节。在宏观经济调控方面,政府需要做的,就是保持宏观政策的稳健有效,主要是继续实施积极的财政政策和稳健的货币政策。积极的财政政策要求保证财政支出强度,继续减税降费,加大对中小微企业的支持力度,帮助企业渡过难关。适度超前开展基础设施投资,同时要坚决遏制新增地方政府隐性债务。稳健的货币政策要求不能搞量化宽松和"大水漫灌"式的强刺激,保持流动性合理充裕,引导金融机构加大对实体经济特别是小微企业、科技创新、绿色发展的支持,应贷尽贷,应贷快贷,为经济结构性调整营造稳定的宏观经济环境。我国宏观调控具有主动性，宏观政策调节库"弹药"充足，能够把我国发展的巨大潜力和强大动能充分释放出来。

2. 微观政策要持续激发市场主体活力

市场主体最在乎的是营商环境，营商环境就是市场主体生存的"空气"。市场主体活力来自人，特别来自企业家，来自企业家精神。激发市场主体活力，就是要把该放的权放到位，该营造的环境营造好，该制定的规则制定好，让企业家有用武之地。用好微观政策，不是简单下达行政命令，而是要在尊重市场规律的基础上，用改革激发市场活力，用政策引导市场预期，用规划明确投资方向，用法治规范市场行为。各级政府要把更多精力放在改善营商环境和提高服务上来，让各类市场主体在市场经济的大海中再掀大潮。2021年底，我国市场主体达到1.5亿户，只要能够激发各类市场主体的发展活力，就能形成对中国经济的强大支撑。

3. 结构政策要着力畅通国民经济循环

以供给侧结构性改革为主线，畅通国内大循环，打通生产、分配、流通、消费各环节，消除影响经济循环的各个堵点，关键在于经济结构的调整。结构调整不是轻轻松松就能实现的，一定会经历"脱胎换骨"的过程，这就需要各级领导干部保持战略定力。坚持房住不炒的基本原则，经济下行压力再大，也不能将房地产作为短期刺激经济的手段。决不允许打着保供的旗号回到破坏生态环境的老路上。要保持不片面追求GDP增速的定力，不能只追求速度，而应该追求速度、质量和效益的统一。

4. 科技政策要扎实落地

实施创新驱动发展战略、提高自主创新能力，就必须要深化科技体制改革，优化科技政策供给，完善科技评价体系，营造良好创新环境。一是要坚决扫除阻碍科技创新能力提高的体制障碍。自主创新能力需要从体制机制等多方面来保证，关键是要打通科技和经济之间的通道。这就需要健全激励机制，从物质和精神两个方面激发科技创新的积极性和主动性。二是要强化国家战略科技力量。社会主义制度能够集中力量办大事，这是我国推动科技创新的重要法宝。要发挥好国家实验室作用，重组全国重点实验室。三是要强化企业创新主体地位。经济增长真正的动力来自企业，要让企业成为技术创新决策、研发投入、科研组织、成果转化的主体，变"要我创新"为"我要创新"。

5. 改革开放政策要激活发展动力

改革开放是实现中华民族伟大复兴的关键一招。中国特色社会主义之所以具有蓬勃生命力，就在于是实行改革开放的社会主义。只有继续推进新时代的改革开放，才能更好地激活发展动力，更好地发展中国、发展社会主义、发展马克思主义。全面深化改革的重点是经济体制改革，经济体制改革的核心问题是处理好政府和市场的关系，使市场在资源配置中起决定性作用，更好发挥政府作用，是我们党在理论和实践上的重大推进，关乎国家治理体系和治理能力现代化。要加大力度推动重点领域改革落地，加快推进对经济增长有重大牵引作用的国有企业、金融体制等改革。完成国企改革三年行动任务，加快建立现代企业制度，不断做强做优做大国有企业。股票发行注册制是实现金融资源市场化配置的有效手段，在科创板和创业板的基础上，要全面实行股票发行注册制。开放带来进步，封闭必然落后。中国开放的大门不会关闭，只会越开越大。"一带一路"是我国扩大高水平对外开放的重要抓手，我们要以共建"一带一路"为重点，坚持引进来和走出去并重，遵循共商共建共享原则，同各国一道打造国际合作新平台。

6. 区域政策要增强发展的平衡性协调性

协调发展是五大新发展理念之一，注重的是解决发展不平衡问题。进入新发展阶段，我们的主要任务不再是跑得快，而是要注重发展的平衡性协调性，注重发展的整体效能。这就需要深入实施区域重大战略和区域协调发展战略，促进东、中、西和东北地区协调发展。加大力度支持革命老区、民族地区、边疆地区、欠发达地区加快发展，强化举措推进西部大开发形成新格局，深化改革加快东北等老工业基地振兴，发挥优势推动中部地区崛起，创新引领率先实现东部地区优化发展。实施

"一带一路"、京津冀协同发展、长江经济带三大战略，就是要跨越行政区划、促进区域协调发展。新型城镇化能够为推动区域协调发展提供有力支撑。以城市群为主体构建大中小城市和小城镇协调发展的城镇格局，加快农业转移人口市民化。

7. 社会政策要兜住兜牢民生底线

社会政策要托底，就是要守住民生底线，做好就业和社会保障工作，切实保障群众基本生活。就业是民生之本，是最大的民生工程、民心工程、根基工程，是社会稳定的重要保障，牵动着千家万户的生活，要把就业工作摆到突出位置，千方百计多渠道创造就业岗位。社会保障就是社会稳定器，兜住兜牢民生底线，就是要多雪中送炭、少锦上添花，加大对基本公共服务的支持力度，发挥好社会保障制度的托底作用，增加失业救助、最低生活保障等方面的财政资金，坚决守住社会稳定底线。推动养老保险制度改革，划转部分国有资本充实社保基金，积极应对人口老龄化。推动新的生育政策落地见效，需要千方百计增加老百姓收入水平，降低养育孩子的各项成本，消除种种后顾之忧。

二、不断做强做优做大我国数字经济

数字经济事关国家发展大局。互联网、大数据、云计算、人工智能、区块链等技术加速创新，日益融入经济社会发展各领域全过程，各国竞相制定数字经济发展战略、出台鼓励政策，数字经济发展速度之快、辐射范围之广、影响程度之深前所未有，正在成为重组全球要素资源、重塑全球经济结构、改变全球竞争格局的关键力量。习近平同志一直重视发展数字技术、数字经济，2000年在福建工作期间就提出建设"数字福建"，2003年在浙江工作期间又提出建设"数字浙江"。党的十八大以来，党中央高度重视发展数字经济，将其上升为国家战略。党的十八届五中全会提出，实施网络强国战略和国家大数据战略，拓展网络经济空间，促进互联网和经济社会融合发展，支持基于互联网的各类创新。党的十九大提出，推动互联网、大数据、人工智能和实体经济深度融合，建设数字中国、智慧社会。党的十九届五中全会提出，发展数字经济，推进数字产业化和产业数字化，推动数字经济和实体经济深度融合，打造具有国际竞争力的数字产业集群。

发展数字经济意义重大，是把握新一轮科技革命和产业变革新机遇的战略选择。一是数字经济健康发展，有利于推动构建新发展格局。构建新发展格局的重要任务是增强经济发展动能、畅通经济循环。数字技术、数字经济可以推动各类资源要素快捷流动、各类市场主体加速融合，帮助市场主体重构组织模式，实现跨界发展，打破时空限制，延伸产业链条，畅通国内外经济循环。二是数字经济健康发展，有利于推动建设现代化经济体系。数据作为新型生产要素，对传统生产方式变革具有重大影响。数字经济具有高创新性、强渗透性、广覆盖性，不仅是新的经济增长点，而且是改造提升传统产业的支点，可以成为构建现代化经济体系的重要引擎。三是数字经济健康发展，有利于推动构筑国家竞争新优势。当今时代，数字技术、数字经济是世界科技革命和产业变革的先机，是新一轮国际竞争重点领域，我们一定要抓住先机、抢占未来发展制高点。

不断做强做优做大我国数字经济，需要从以下七方面入手。一是加强关键核心技术攻关。要牵住数字关键核心技术自主创新这个"牛鼻子"，发挥我国社会主义制度优势、新型举国体制优势、超大规模市场优势，提高数字技术基础研发能力，打好关键核心技术攻坚战，尽快实现高水平自立自强，把发展数字经济自主权牢牢掌握在自己手中。二是加快新型基础设施建设。要加强战略布局，加快建设以5G网络、全国一体化数据中心体系、国家产业互联网等为抓手的高速泛在、天地一体、云网融合、智能敏捷、绿色低碳、安全可控的智能化综合性数字信息基础设施，打通经济社会发展的信息"大动脉"。要全面推进产业化、规模化应用，培育具有国际影响力的大型软件企业，重点突破关键软件，推动软件产业做大做强，提升关键软件技术创新和供给能力。三是推动数字经济和实体经济融合发展。要把握数字化、网络化、智能化方向，推动制造业、服务业、农业等产业数字化，利用互联网新技术对传统产业进行全方位、全链条的改造，提高全要素生产率，发挥数字技术对经济发展的放大、叠加、倍增作用。要推动互联网、大数据、人工智能同产业深度融合，加快培育一批"专精特新"企业和制造业单项冠军企业。当然，要脚踏实地、因企制宜，不能为数字化而数字化。四是推进重点领域数字产业发展。要聚焦战略前沿和制高点领域，立足重大技术突破和重大发展需求，增强产业链关键环节竞争力，完善重点产业供应链体系，加速产品和服务迭代。要聚焦集成电路、新型显示、通信设备、智能硬件等重点领域，加快锻造长板、补齐短板，培育一批具有国际竞争力的大企业和具有产业链控制力的生态主导型企业，构建自主可控产业生态。要促进集群化发展，打造世界级数字产业集群。五是规范数字经济发展。推动数字经济健康发展，要坚持促进发展和监管规范两手抓、两手硬，在发展中规范、在规范中发展。要健全市场准入制度、公平竞争审查制度、公平竞争监管制度，建立全方位、多层次、立体化监管体系，实现事前事中事后全链条全领域监管，堵塞监管漏洞，提高监管效能。要纠正和规范发展过程中损害群众利益、妨碍公平竞争的行为和做法，防止平台垄断和资本无序扩张，依法查处垄断和不正当竞争行为。要保护平台从业人员和消费者合法权益。要加强税收监管和税务稽查。六是完善数字经济治理体系。要健全法律法规和政策制度，完善体制机制，提高我国数字经济治理体系和治理能力现代化水平。要完善主管部门、监管机构职责，分工合作、相互配合。要改进提高监管技术和手段，把监管和治理贯穿创新、生产、经营、投资全过程。要明确平台企业主体责任和义务，建设行业自律机制。要开展社会监督、媒体监督、公众监督，形成监督合力。要完善国家安全制度体系，重点加强数字经济安全风险预警、防控机制和能力建设，实现核心技术、重要产业、关键设施、战略资源、重大科技、头部企业等安全可控。要加强数字经济发展的理论研究。七是积极参与数字经济国际合作。要密切观察、主动作为，主动参与国际组织数字经济议题谈判，开展双多边数字治理合作，维护和完善多边数字经济治理机制，及时提出中国方案，发出中国声音。

三、深化金融供给侧结构性改革

深化金融供给侧结构性改革，就是要紧紧围绕服务实体经济这一根本目标，守住不发生系统性金融风险这一基本底线，用好政府与市场"两只手"。以"五度"改革推进金融供给侧结构性改革，有助于搭建金融服务实体经济的"四梁八柱"，有助于通过优化金融结构来完善金融市场、金融机构和金融产品体系，有助于明确市场导向与加强监管的职责。

（一）"宽度"改革：建设一个规范、透明、开放、有活力、有韧性的资本市场

从金融契约的角度看，股票的经济性质与银行存款不同，它体现的是一种对公司收益的剩余索取权。由于信息不对称导致的严重的委托代理问题，个体股东难以弄清企业真正的收益是多少。同时，公司的经理人决定公司是否分发红利，因此，即使公司事实上取得了盈余，经理人也可以拒绝分红。很显然，如果没有适当的经济、法律环境，股东的权益难以得到保障。在这样的社会当中，股票市场就很难发展起来。长期以来，我国过度依赖以银行为主的间接融资体系，这必然导致企业的杠杆率居高不下，金融风险不断增加。解决这一问题的根本举措在于发展和做大做强资本市场，提高直接融资比重。在我国经济由高速增长迈向高质量发展的关键阶段，资本市场的市场化资源配置功能将在调整产业结构并构建创新型经济体系中起到核心作用。尽管我国资本市场取得了巨大的进步，但效率低下与机制不健全的问题同时存在。

完善我国的资本市场，一方面要使资本市场这只"看不见的手"起到资源配置的决定性作用。一是加快推进注册制改革。发展资本市场的目的就是提高资源配置的效率，任何一个符合条件的企业都有权到资本市场上获得股权融资，每一位投资者都可以自由选择自己看好的企业进行投资。这就需要通过注册制改革完善市场体系和资源配置手段，不能

歧视性地选择上市对象，应把选择权交还市场。二是通过退市制度实现金融资源合理配置。一个可以优化资源配置的资本市场一定是一个吐故纳新、不断更新的市场，资本市场就是要通过引导资源向高效率的产业和企业流动来实现产业升级的目标。这就需要将这个市场打造成一个"有进有出、进出有度"的市场，因此退市机制必不可少。另一方面要管住政府这只"看得见的手"，真正发挥好"守夜人"的作用。一是股票价格的高低与监管部门的业绩没有任何关系，监管部门作为"守夜人"，需要维护市场的公平与透明，需要打击操纵市场、内幕交易、虚假信息披露等违法行为，需要建立严格的退市制度，但不需要干预市场的价格、人为地制造牛市。二是资本市场要更加注重保护投资者，让投资者通过长期投资获得收益，而不是通过短期炒作进行套利。要想实现这一目标，必须严格执行上市公司强制分红的制度。上市公司需向投资者派发红利的规定虽然很早就有，但严格执行的很少，监管的力度不够，这就导致投资者通过炒作赚取溢价来实现收益。这不利于将一个"投机"市场转变为"投资"市场。三是加大处罚力度。我国有句古语叫"治乱需用重典"，对于资本市场中出现的形形色色的违法行为，要加大处罚力度，否则市场是无法规范的。

（二）"深度"改革：建设现代中央银行制度，推动利率市场化改革

建设现代中央银行制度，完善货币供应调控机制，稳妥推进数字货币研发，健全市场化利率形成和传导机制。中央银行有其特殊性，央行的目标和政府的目标并不是完全一致的。政府的目标可以是多元的，既要保持经济平稳增长，又要推动经济结构的调整，还要完善基础设施建设。但央行第一位的目标就是保持币值稳定，在此基础上推动经济增长。所以，管好货币是央行的首要责任。在保持金融稳定这件事情上，千招万招，管不住货币都是无用之招，要继续实施积极的财政政策和稳健的货币政策。必须实行独立的中央银行财务预算管理制度，防止财政赤字货币化，在财政和中央银行两个"钱袋子"之间建起"防火墙"。

古典利率决定理论的奠基人马歇尔认为利率由资金的需求和供给决定，其中资金的需求源于资本的边际生产力，而资金的供给源于人们愿意放弃当前资金而等待未来更高收益。罗纳德·麦金农和爱德华·肖1973年提出的"金融抑制"理论详尽分析了发展中国家的金融发展状况之后，首次真正建立了以发展中国家或地区为研究对象的金融发展理论。他们提出，改革金融体系、消除金融抑制是发展中国家摆脱贫困陷阱的重要路径，认为发展中国家想摆脱贫困，必须实行利率市场化，这样才能真正发挥利率在资源分配中的调节作用。"金融抑制"和"金融深化"理论影响了许多发展中国家的金融改革，在经济和金融理论领域引起强烈反响。利率市场化改革的目的是完善金融资源的配置机制。尽管我国的利率市场化改革已经初步完成，中央银行对商业银行的存贷款利率不再进行管制，但市场化的利率形成机制依旧不健全，作为借贷资金价格的利率尚不能在金融资源的配置中发挥关键性作用。当前我国的融资环境面临着较为突出的结构性矛盾，一方面是广义货币供应量（M2）快速上涨，流动性总体充裕；另一方面是大量的中小民营企业融资渠道不畅，无法获得金融资源的支持。解决这一问题的根本渠道就是疏通货币政策传导机制，使市场在金融资源的配置中起决定性作用，尽量减少计划和行政手段的运用，让商业银行根据市场供求的定价机制决定资金的价格，实现金融资源的优化配置。目前来看，疏通货币政策传导机制的主要目标就是通过深化利率市场化改革建立价格型货币政策传导机制，以中央银行间接调控的贷款市场报价率（LPR）为货币政策操作目标，以市场供求决定的金融机构存贷款利率为货币政策中间目标，以保持币值的稳定并以此促进经济增长为货币政策最终目标。这样一个货币政策传导机制，会引导资金更多地流向效率高的行业和企业，更多地流向中小民营企业。

（三）"温度"改革：实施普惠金融战略

金融应摆脱"嫌贫爱富"的惯性，更多地为享受不到金融资源和金融服务的弱势群体提供服务。国家高度重视普惠金融战略，应通过合理

| 本领

高效的渠道积极发展普惠金融。推进金融供给侧结构性改革的一项重要内容就是要构建多层次、广覆盖、有差异的银行体系。在这个体系当中，商业银行、政策性银行、城商行、农村金融机构、民营银行及村镇银行各有定位、各司其职、相得益彰。一是五大国有商业银行应明确其定位，以建立现代企业制度为导向，紧盯"做强、做优、做大"的核心目标。在国有企业的分类中，五大国有商业银行属于商业一类，应以经济效益最大化和股东权益最大化为目标。"产权清晰、权责明确、政企分开、管理科学"是现代企业制度的基本要求，国家是国有商业银行的最大股东。只要五大国有商业银行能够不断增强企业竞争力、提高企业经济效益、实现国有资产保值增值，国家这个最大股东就是最大的受益者，这也为普惠金融战略的实施奠定了最坚实的基础。二是政策性银行应明确职能定位，厘清业务边界。政策性银行以国家利益和国家战略需要等为业务价值，主要作用是弥补部分领域的市场失灵，做商业银行不愿做、做不到和做不好的事情，而不应混淆政策性业务和商业性业务。普惠金融不是所有金融机构应尽的义务，在鼓励广大中小银行积极参与普惠金融的同时，应组建成立新的政策性银行专门聚焦于普惠金融业务，为普惠金融"兜底"。同时，基于风险防控的角度，必须厘清两类业务之间的界限和分工，建立有效的"防火墙"，这也是加强金融监管与防控金融风险的必要条件。三是农村商业银行依靠在本地长期积累的信用，加上其较为灵活的利率政策，可以更好为中小微企业服务。农村商业银行要做到机构不出县、业务不跨县。农村商业银行应找准符合自身的差异化定位，确立经营重点，满足"三农"和中小企业差异化、个性化、定制化的业务需要，将业务"做小做散"，降低贷款集中度和户均贷款规模。四是利用好金融科技在推动普惠金融中的积极作用。金融科技兴起为普惠金融的发展提供了新的思路，越是在传统的金融基础设施不完备的地区，互联网金融发挥作用的空间就越大。金融有三项功能，即资源配置、支付结算和财富管理，在注入金融科技的力量之后，金融的效率和覆盖范围都会有显著提升。

（四）"亮度"改革：加强金融监管

金融的一个根本特点就是存在较大的外部性，这就要求金融监管必须从严。这一尺度，不应随着经济形势的变化而变成橡皮筋，而应"一把尺子量到底"，坚持一个标准。中小银行的危机主要源于被大股东掏空。"明天系""安邦系"等出问题就是源于大股东借助抽逃资本、循环注资、虚假注资及不正当的关联交易形成利益输送的链条，将其投资的金融机构视为自己的"提款机"。由于大股东在公司治理中掌握着绝对的话语权，使金融机构内控机制形同虚设，严重打击了金融信用，最终引爆金融风险。此时的金融已不是现代经济的血液，而是沦为实体经济的"抽血机"，成为制造、传递金融风险的"黑手"。成熟的金融市场和有效的监管制度绝不允许出现如此咄咄怪事。对此，必须拿出更大的决心和魄力。中央银行与监管部门直面"明天系""安邦系"等"历史遗留问题"，发现违法违规行为及时断然出手，十分必要。它应成为强化监管的新起点，有助于重塑我国金融生态。

金融科技借助电子信息技术与传统金融的融合，创新了金融业态，增加了金融服务的便利性，在众多领域提高了金融服务实体经济的质量。与此同时，金融科技的迅速发展增强了金融风险的隐蔽性，增加了许多新的金融风险点，对金融监管的能力提出了更高的要求。甚至个别机构打着"金融创新"的旗号，实际上干着非法集资、非法融资、非法吸收存款的事情。面对这些新变化，金融监管部门需要创新金融监管手段，平衡好金融创新和金融安全的关系，做到既鼓励有助于提高金融服务效率的金融创新，又能将金融风险控制在安全范围之内。英国金融行为监管局的"监管沙盒"制度值得借鉴。"监管沙盒"就是为金融创新提供一个试验区间和安全空间，测试机构可以在"沙盒"内创新其产品、服务、商业模式和营销模式，经过认证的金融消费者可以在"沙盒"内充分享受这些产品和服务带来的收益，同时承担风险，监管部门"静观其变"，对这个交易过程可能带来的风险进行评估。如果风险可控，则进一步放开；如果风险隐蔽且传染性过大，则抑制其发展。总之,"监管沙盒"旨在创建"缩小版"的真实市场和"宽松版"的监管环境,充分利用"先试点、再总结、后推广"的模式,为金融科技的发展找到一条有边界的道路。

(五)"广度"改革:推动人民币国际化

真正决定主权货币价值和国际化水平的是综合国力,我国经济稳定、高质量的增长是推动人民币国际化的重要因素。首先,我国经济高质量发展决定人民币国际化的未来。只要我国经济能够保持高质量的强劲增长势头,人民币国际化就会有一个较好的发展。这个过程中需要培育高质量发展、高水平开放的微观经济主体,重点是提高企业和产品的竞争力,增强货币选择和使用的话语权。其次,坚定不移推动金融领域改革开放再出发。未来应坚持人民币利率、汇率由市场决定,在遵循富有效率、稳健有效的原则下,循序渐进推进资本账户和金融市场的开放,让离岸人民币有更好的投资场所。再次,完善人民币国际化的基础设施建设。国际资金清算系统(SWIFT)和清算所银行同业支付系统(CHIPS)已经逐渐沦为美国长臂管辖的金融工具,对我国的金融安全构成挑战。人民币跨境支付系统(CIPS)运行已有多年,截至2019年末,已有33家直接参与的银行,903家间接参与的银行,但交易量和金额远低于SWIFT,原因在于CIPS服务的便利性和可获得性不高。未来,CIPS一方面需要熟悉业务,另一方面需要培育市场习惯和行为,努力实现哪里有人民币,哪里就有CIPS的服务,发挥CIPS在人民币国际化中的基础设施作用。最后,数字人民币有助于完善全球金融基础设施并推动人民币国际化。数字货币对解决全球金融基础设施及跨境支付方面的短板发挥着重要的作用,能够通过新的科技手段提高跨境支付效率、减少障碍。数字人民币可以借助CIPS,绕过美元结算系统,成为推动人民币国际化的举措之一。海外使用数字人民币进行交易和结算将更加直接,推动人民币自成体系,不再依赖美国控制的结算体系。当然,数字人民币的推出仅仅是推动人民币国际化的一个有利条件,货币国际化的影响因素较多,包括强大的经济贸易规模、币值稳定、开放发达的金融市场及强大的综合国力等。

四、坚持"房住不炒"总基调

近年来,中央关于房地产市场的政策定位一直是坚持"房子是用来住的、不是用来炒的",并强调"不将房地产作为短期刺激经济的手段"。在监管层面,防范资金违规进入房地产市场是监管部门一直以来的监管重点。在地方政府层面,一线城市和部分其他热点城市的限购、限贷、限售等行政性调控手段一直在持续。房地产与金融从来都是分不开的,房地产行业是资金密集型行业,房地产市场的快速发展离不开金融的支持:房地产开发企业需要通过融资获得资金的支持,购房者需要通过融资获得杠杆资金购房,按揭和预售制度也使房地产和金融密不可分。房地产金融包括房地产企业的开发贷款、个人抵押贷款、公积金贷款、居民住房抵押贷款支持证券(RMBS)及房地产信托投资基金(REITs)等。房地产金融规模的扩张又会增加爆发金融危机的概率,2008年国际金融危机的引爆点就是美国房地产市场次贷风险被点燃。近年来,地产周期和金融周期高度同质化的趋势越来越明显,房地产行业和金融行业的联系越发紧密,房地产行业正在从传统产销模式向金融深化模式转变,一套普通的房子不再是"低活的不动产",已经转变为"高活的金融品",实现了房地产与金融的深度融合。从我国的情况来看,在审慎住房信贷政策的指引下,房地产贷款的不良率显著低于全部贷款的不良率,且首付比例一直控制在30%以上,因此房地产金融风险总体可控。但房价过快上涨和房地产行业高杠杆的问题不容忽视,房地产行业引发系统性金融风险的可能性值得警惕。

房地产形式是产业,本质却是金融,二者的关系错综复杂。在国际产业分类标准体系中,房地产被归类为金融业,因此从某种程度上看,"地产即金融"是有一定道理的。究其原因,一是金融机构的资金支持对房地产开发至关重要。从购地、开发到建设,房地产是资金需求大户。离开金融的支持,作为资金密集型行业的房地产业寸步难行。二是房价与货币供应量相互影响。一方面,房价的涨跌通过影响货币乘数进而影响货币供应量;另一方面,货币供应量直接关系全社会物价水平和资产价格水平,当然也会影响房价和房地产市场。三是房价波动直接关乎金融风险。房地产与金融的连接点就是资金的供求,房地产市场是主要的资金需求方,金融的功能就是资金的融通和风险的管理,房地产市场的稳定性和房价的波动直接影响金融的安全性。房地产与金融高度融合,形成不可忽视的潜在金融风险,而且这种风险既可能由"黑天鹅"引发,又可能由"灰犀牛"引发。金融体系被房地产绑架是我国经济最大的问题之一。未来我国经济能否持续健康发展,金融体系是否稳健,很大程度上取决于如何妥善解决房地产问题。

(一)房地产市场现状分析

近年来,在"房住不炒"原则的指引下,促进房地产市场平稳发展的政策效果已经显现,但房地产市场存在的深层次问题仍需关注,房地产市场健康发展的长效机制尚未完善。

第一,房地产价格只涨不跌的预期发生基本扭转。总的来看,始于2016年的新一轮房地产调控政策持续保持从紧态势,通过毫不放松的行政手段来稳定房价,已经初步扭转了房地产价格只涨不跌的预期。这种预期的扭转反映在一线城市房价基本稳定,二线城市房价逐渐平稳,三线城市房价涨幅收窄,房价环比下跌的城市数量增加,房地产销售涨幅放缓,土地溢价率持续下降,土地拍卖价格有所下降。

第二,土地供需结构性失衡现象严重。从全国范围来看,我国房地产存在着高库存与高房价并存的现象,其根本原因在于供需错配:一些地区供给大于需求,所以房地产高库存现象严重;另一些地区需求大于供给,所以房地产价格居高不下;大城市的土地供给不足与中小城市的土地供给过剩并存。一线城市的住房需求源于三个方面:一是来自城市化的需求。城市能够提供更多的就业机会和更高的生活质量,吸引年轻人的流入,形成人口的集聚。二是来自住房带来的其他好处。我国的一线大城市聚集了全国最优质的教育资源和医疗资源,老年人养老选择一线大城市，教育资源同学区房挂钩，这成为吸引人口流入的重要因素。三是来自投资的需求。金融压抑的现象在我国普遍存在，老百姓的投资渠道十分有限，这使房地产成为相当一部分人群的投资选择。在"房子是用来住的、不是用来炒的"定位下，第三类需求是需要严格控制的，但前两类需求是要通过供给满足的。我国一线大城市的高房价，正是供给跟不上需求造成的。一方面，大城市住宅用地供给不足。耕地红线限制着大城市的土地供给，不论上海还是北京，新房价格中超过一半都是地价。另一方面，中小城市供应了过多土地，导致房地产高库存。中小城市的财政收入严重依赖土地出让金，政策制定者出于地区均衡的考虑也会将建设用地的指标向中西部倾斜。国际经验表明，大城市能够发挥极强的聚集效应和规模效应，更节约土地和资源，人口向大城市集中是城市化的基本规律。综上所述，从经济学基本的供需框架分析能够看出，我国高库存与高房价并存的根本原因在于供需在地区间的错配。根据供求原理，商品供不应求就会出现价格上涨，供过于求则价格下跌。我国大城市房价之所以居高不下，核心原因在于房供不足。只有做到供求平衡，才能抑制房价上涨。

第三，房地产调控重抑制需求轻增加供给。为了抑制房地产价格过快上涨，各地都采取了大量的行政手段加以调控，如"限购"、"限贷"及"限价"等。这些政策的出发点在于抑制需求，在实施过程中难免会"误伤"刚需购房者，导致房地产市场乱象丛生、房地产商变相涨价，调控政策松动后往往会出现大幅反弹。从供给侧来看，我国住房供给体系重销售轻租赁，保障房供给力度明显不足，购买保障房的门槛较高，无法真正发挥"保障"的功能。从房地产调控的实际效果来看，只从需求侧发力而供给侧用力不足会导致效果欠佳。"限购"和"限贷"等政策对于抑制投机性需求是有效的，但不利于解决供需矛盾突出的问题。

(二) 国内外房地产市场引发金融风险的教训与启示

房地产行业是高杠杆行业，房地产泡沫经常是金融危机的诱导因素。全球历次金融危机，都与房地产泡沫的破裂密切相关，甚至可以说

本领

"十次危机九次地产"。2008年美国次贷危机就是一场由房地产泡沫引发的危机。在房地产价格泡沫破裂之前，美国房地产价格已连续多年上涨，房价进一步上涨的预期非常强烈。从购房者的角度来看，在房价会进一步上涨的预期下，在美国发达金融体系的帮助下，居民通过撬动金融杠杆购买房产的愿望非常强烈，甚至高估自己的能力，过多地依靠贷款购买远超出自己支付能力的住房。从金融机构的角度来看，同样对住房价格继续上涨有强烈预期，而且可以通过发达的资产证券化产品对风险进行转移，因此金融机构往往通过零首付、低利率、宽审核等优惠条件大量投放住房抵押贷款。同时，美国提供住房抵押贷款的金融机构并不局限于商业银行，还包括大量的投资银行、一般贷款公司等非银行类机构，这极大增加了房地产泡沫破裂后对金融体系的冲击力。从监管者的角度来看，监管者既对房地产泡沫破裂的可能性没有准确的判断，甚至认为住房抵押贷款的风险极低，又过于相信金融机构的风险防范能力，认为金融机构为了自身利益也会规避风险。另外，美国对发放住房抵押贷款金融机构的监管有很大的盲区，美联储和货币监理署都无权对投资银行从事此类业务进行监管。总之，资产泡沫是美国次贷危机的关键原因，泡沫的形成和破裂是金融风险的严重隐患，应该成为监管部门高度关注的问题。

国内曾经也出现过这方面的问题，一个典型案例就是海南房地产泡沫。1992年，中央提出加快住房改革步伐，海南省的特区效应全面释放，房地产市场骤然升温，房地产公司数量达到2万多家，大量资金被投入房地产，其中绝大多数资金来自银行。1992年海南省固定资产投资中超过一半来源于房地产投资，其规模达到87亿元人民币，仅海口的房地产开发面积就达到800万平方米，地价在短期内由十几万元/亩上涨到600多万元/亩，全省商品房均价由1991年的1400元/平方米上涨到1993年的7500元/平方米。在房地产市场飞速发展的过程中，政府、银行和开发商结成了紧密的"铁三角"，构成了利益共同体，银行资金源源不断进入房地产行业，几乎所有开发商都成了银行的最大债务人，而代价就是把停留在图纸上的房子抵押给银行。1993年6月，中共中央、国务院发布了《关于当前经济情况和加强宏观调控的意见》，全面控制银行资金进入房地产业，严格控制信贷总规模、全面收紧银根，热火朝天的海南房地产市场瞬间死气沉沉，全省烂尾楼有600多栋，仅四大国有商业银行的坏账就达到300亿元，个别中小银行的不良贷款率达到60%以上。当各金融机构开始处理所谓的抵押资产时，才发现以天价抵押的楼盘仅仅是一堆"钢筋混凝土"，根本无法变现。海南发展银行出现挤兑风波，成为我国首家因支付危机被关闭的商业银行。

从上述两起房地产泡沫事件可以得出以下启示：一是房地产泡沫的形成与金融的助推密不可分。房地产行业是典型的高杠杆行业，对资金的需求量巨大，银行资金大量涌入的过程就是房地产泡沫形成的过程。二是金融监管的缺位对房地产泡沫的形成起到了推波助澜的作用。政府经常会基于发展经济的目的刺激房地产市场的发展，甚至采取宽松的货币政策和金融监管政策，导致过多的资金流入房地产领域。三是房地产泡沫的破灭影响深远。房地产泡沫的破灭会导致经济长期陷入低迷，甚至引发经济危机和金融危机。

（三）密切关注我国房地产市场领域的风险

房地产安全与金融安全息息相关，房地产风险与金融风险同样相伴而生，房地产泡沫的不断扩大终将引发经济金融危机。从我国房地产金融形势来看，房地产金融风险依旧是监管的重点，其中的风险点需要充分关注。

1. 房地产贷款"绑架"金融体系

房地产行业是资金密集型行业，房地产开发的高周转特征决定其对资金的需求特别大，银行是房地产最重要的资金来源。从近些年情况来看，作为单一行业，房地产贷款余额占各项贷款余额的比例高居第一，这也仅仅是房地产行业的直接贷款。房地产行业与其他很多行业的关联度非常高，如果将这些行业的贷款都算进去，房地产行业的相关贷款要占到总贷款的"半壁江山"。房地产企业债务负担明显增加，对融资的依赖度过高。一些房地产企业违反自有资金购地要求,资金杠杆率达到七八倍,甚至购地保证金也靠负债获得。房地产企业的高负债率降低了其应对行业波动的能力,一旦房价出现下滑,房地产市场不景气,房地产企业就面临巨大的偿债压力和流动性风险。房地产企业除了从金融机构获得融资,也开始探索在金融领域布局,纷纷进入金融业,向综合性金融集团转型,使房地产和金融两大行业的相互渗透程度不断加深。部分房地产企业通过控股、参股的方式甚至拿到金融领域全牌照,从银行、证券、保险到信托、基金等,在各业务领域都有布局。但房地产企业进军金融行业会大大增加关联交易的风险,部分房地产企业拿到金融牌照的目的就是方便自己融资,以产融结合的"名"行关联交易的"实",极大增加了金融机构爆发流动性危机的概率。

2. 居民杠杆率居高不下增加贷款违约风险

除了房地产企业,个人购房按揭贷款的规模同样庞大,个人住房贷款在住户部门总负债中一直占据主体地位。总体来看风险可控,但部分地区和低收入人群的债务风险不容忽视,住户部门杠杆率增幅仍处于较高区间。从房贷收入比的上升能够看出稳就业的重要性,一旦居民就业出现问题,会直接影响收入水平,进而影响还贷能力,关系到金融机构资产的安全性。尤其是居民购房存在违规加杠杆的情况。部分购房者为了凑齐首付,通过金融机构获得大量消费贷款,导致金融统计报表中的大量消费贷款也进入房地产市场。这种违规加杠杆的情况助长了房地产市场的投机行为,加大了金融机构不良贷款率上升的风险。

3. 土地财政增加地方政府债务违约风险

土地出让金在我国地方财政收入中一直占有较高比重。高额的土地出让金一方面可以支持地方政府完善基础设施,拉动地方经济增长,另一方面可以支撑地方政府发债。但问题随之而来,在房地产价格上涨预期不再强烈的背景下,一旦出现土地流拍,或者出让土地的价格大幅下降,土地出让金就会减少,无法偿还地方政府债务的本金和利息,甚至无法支撑地方政府债务的借新还旧,地方政府债务违约的风险就会大大增加。

4. 高房价和高地价严重抑制居民消费和经济转型

被房地产"捆绑"了的我国金融体系和经济体系，既恶化了财富分配，也不利于我国经济的长期稳定增长和经济转型，还对居民消费形成挤压。高房价使居民部门出现大量"百万负翁"，房贷占用大量日常现金流，对居民消费构成挤出效应。老百姓的绝大多数收入不是在"攒首付"，就是在"还房贷"，无力消费。同时，房价和地价的快速上涨增加了企业的用地成本，不利于企业的技术研发和转型升级。甚至部分制造业企业热衷于"挣快钱"，制造业微薄的利润无法与房地产行业的高额利润相提并论。长此以往，对实体经济造成巨大冲击。只有经济强、经济兴，才有金融强、金融兴，实体经济的萧条是导致金融危机的最大的"灰犀牛"。

总之，房地产市场的平稳性与防范系统性金融风险密切相关，房地产风险是引发系统性金融风险的重要来源之一。首先，房地产市场的剧烈波动会增加银行业面临的信用风险。房地产的资金来源主要是银行贷款，有潜在的违约风险，这种风险源自房地产价格波动对房地产行业和金融市场体系的冲击。当房价上涨导致的房地产泡沫越来越大时，容易诱发系统性金融风险。当房价处于上涨预期中，房地产抵押品价值增加，银行向房地产行业的贷款也会增加，导致信贷风险扩大；在房价上涨的预期发生扭转之后，银行贷款减少，房地产行业流动性不足，抽贷、断贷现象发生，信贷违约风险增加，最终极有可能诱发系统性金融风险。这就是房地产价格波动引发系统性金融风险的传导机制。其次，整个经济体系过度依赖房地产。近年来，大量的制造业、实体企业也都将投资转向房地产业，家庭部门的资产负债率急剧上升，房地产价格的快速上涨使房地产市场存在较大的泡沫危机，增加了商业银行的信贷风险及由此引发的系统性金融风险。再次，房地产企业融资方式"五花八门"，与金融机构的联系"千丝万缕"。大量的房地产企业通过信托、资管计划等各类非银渠道进行融资，多层嵌套、渠道隐蔽、模式复杂、风险链条加长等问题较为严重，极有可能将房地产领域的风险传导至整个金融体系。最后，房地产行业关乎整个经济体系，进而影响金融安全。

房地产行业涉及众多上下游行业，其经营效益影响整个产业链的经营效益和偿债能力，进而关乎经济增长形势和金融安全状况。

（四）实现房地产市场平稳健康发展的对策

只有房地产市场平稳健康发展，才能从根本上防范房地产领域引发的金融风险。促进房地产市场平稳健康发展的根本原则就是要坚持"房住不炒"的总基调，积极推动房地产领域的供给侧结构性改革，解决住房供需失衡的问题。同时，建立防范房地产引发系统性金融风险的宏观审慎监管机制，并且稳步推进房产税改革。

1. 让房地产回归实体经济和居住属性

坚持"房住不炒"的总基调，就是要让住房信贷政策既能够防范风险、抑制投机泡沫，又能够满足居民合理购房需求，让房地产回归实体经济和居住属性。中央反复强调"房住不炒"，意味着无论在什么情况下都不会出台大规模的房地产刺激措施，不会过分依靠房地产来拉动经济增长。尽管房地产对经济增长的贡献依然非常大，对固定资产投资的拉动作用明显，并影响上下游诸多产业，但经济过度依赖房地产带来的负面效应更加明显，既增加了金融危机爆发的概率，又不利于经济转型。因此，需要坚持"房住不炒"的总基调，既能防止房地产市场过热，又能确保房地产行业合理的发展需求得到满足。

2. 推动房地产领域的供给侧结构性改革

对高房价的调控，需要从供需框架展开，从供需两端同时用力。从需求端来看，大城市严格的限贷、限购政策能够抑制投资性需求，有利于稳定房地产价格。但我国房地产市场当前的主要矛盾在供给侧，是结构性问题。推动房地产领域的供给侧结构性改革才是治本之策，一是应根据人口规模和人口流动情况决定土地供应。有人担心增加大城市土地供应会减少耕地，但是，在中西部地区把耕地变成房地产库存，在一线大城市周围维持大量耕地，本来就是土地资源的浪费，18亿亩耕地红线不应让北上广深等一线大城市来守。而且，城市化和人口集聚可以腾出更多的土地，增加耕地的面积。同时，城市化和人口集聚也有利于推动服务业发展，有利于推动现有一线大城市的发展并形成新的一线大城市作为拉动经济发展的新的增长极，通过规模经济的优势降低居民和企业的进入成本和生产经营成本。二是要增加住房供应主体。2017年底召开的中央经济工作会议强调要"加快建立多主体供应、多渠道保障、租购并举的住房制度"，目的就是要更多地从供给侧发力来促进房地产市场健康发展。未来的供应主体应从单一的开发商为主体转变为政府、开发商和长租公司等多方供给主体。尤其是开发商和政府两个主体要各归其位：从市场的角度看，房子是一种商品，应由市场来决定其价格；从政府的角度看，房子关系居民的基本民生问题，政府需要兜底。大力推动廉价住房建设，支持福利性公共住房建设，因贫困等原因找不到房子的家庭，政府应为其提供基本住房，租住后可同样享受教育、医疗等基本权利。三是建立房地产市场的长效机制。长效机制包括金融支持政策、土地供应制度、房地产相关税收制度、住房保障制度及租赁市场管理制度等。长效机制应避免短期调控政策的不稳定，通过制度建设完善住房供应机制。

3. 稳定房价而非打压房价是当前防范由房地产引爆金融风险的重点

房价一旦出现大幅度下跌，极有可能引发房贷风险。例如，一套价值900万元的房子，某人购买时首付300万元，银行贷款600万元；如果房价下跌一半，即由900万元降到450万元，那么该人一定不愿意继续向银行还房贷，房子抵押给银行仅值450万元，结果造成银行150万元的不良贷款，况且银行极有可能无法将450万元的房产变现，增加银行的流动性风险。因此，从房地产调控政策的角度来看，既要防止"大水漫灌"的宽松货币政策催生房地产泡沫，又要防止"硬着陆"的紧缩政策引发重大金融风险，保持金融政策的稳定性，避免大幅度的调整引起房地产市场的剧烈波动。住房信贷政策既要抑制投机性需求，又要支持刚需和改善群体购房自住，支持房地产企业的合理融资需求，避免"一刀切"走极端。

4. 建立防范房地产引发系统性金融风险的宏观审慎监管机制

系统性金融风险的防范既需要健康稳定的房地产市场，通过货币政策在宏观经济和房地产市场领域进行调节，也需要对系统重要性金融机构进行重点管理，还需要综合监督金融机构和房地产市场之间的业务往来，严格遏制金融资源支持投机性需求。金融资源大量流入房地产行业，根本原因在于金融机构的导向和风险偏好。在房价持续上涨的预期中，信贷资源的过度流入助长了房地产市场的投机行为，也导致居民消费持续低迷。在抑制金融机构资金过度流向房地产市场的过程中，既要指导商业银行支持居民刚性居住需求，又要抑制投机炒房行为。加强对消费贷款的管理，防止消费贷款、经营性贷款等资金用于购房首付，强化个人住房贷款审慎管理，抑制居民部门杠杆过快增长。严格禁止以房地产作为风险抵押申请的消费贷款和经营性贷款流入房地产市场，进而影响房地产市场的健康平稳发展。同时，对房地产企业融资进行适当限制，尤其是具有囤房囤地、市场炒作、"明股实债"等行为的房地产企业，严格落实对房地产企业自有资金的要求，严控购地加杠杆的行为。

5. 稳步推进房产税改革

随着存量房时代来临，之前的土地财政难以为继，房产税改革被提上日程。从国际经验来看，大多数国家都将房产税作为地方财政收入的重要来源。房产税具有收益税的特点，用于支持地方公共设施建设和服务，取之于民用之于民。房产税提高了房屋的持有成本，同样能够降低房地产的金融资产属性。如果房产税改革滞后，随着土地出让金收入的下降，会极大增加地方政府财政收入压力和债务违约风险。我国未来房产税改革的方向就是逐步使其成为地方财政收入的稳定来源。开征房产税需要对建设、交易、保有环节的税种进行重新调整，简并税种，减少交易环节税负，优化税收结构。从重庆和上海的试点经验来看，征收房产税需要设置较高的免税面积，充分考虑刚需和改善性需求。

五、有效防范地方政府债务风险

地方政府债务风险不仅包括无法偿债、难以兑付的风险，还包括影响金融稳定、经济发展及社会稳定的风险。

（一）我国地方政府债务现状

2011 年以来，国务院有关部门和地方政府出台多项制度，规范和加强地方政府性债务管理。财政部完善了地方政府债券发行相关管理办法，组织清理规范了地方政府融资平台公司，建立了地方政府债务统计报告制度，动态监控地方政府债务情况。我国地方政府债务从举借主体看，主要包括融资平台公司、政府部门和机构、经费补助事业单位等。从债务资金来源看，主要包括银行贷款、发行债券等。从债务资金投向看，主要用于基础设施建设和公益性项目，以及市政建设、土地收储、交通运输、保障性住房、教科文卫、农林水利、生态建设等基础性、公益性项目的支出。仅就显性地方政府债务风险而言，无论是此前的城投债，还是 2015 年以后的地方政府债，相比日、美等地方政府债务频繁爆发违约的历史，我国当前没有地方政府债务违约的案例，从国际比较的结果来看，我国地方政府的债务风险整体处于较为可控的水平。但需要注意的是，除了显性的地方政府债务，还有大量的隐性地方政府债务，包括违法违规举债担保、明股实债及政府购买服务变相融资等形式，这些构成我国地方政府债务重要的潜在风险点。

（二）地方政府投融资的困境

地方政府在事与钱之间寻找平衡，监管部门在防风险与稳增长之间寻找平衡，金融机构在收益与风险之间寻找平衡，三类主体之间面临冲突与选择。

1. 地方政府面临"不可能三角"困境

地方政府面临的财政收入下降、财政支出增加和地方政府债务压减的问题共同构成了"不可能三角"，该"不可能三角"对地方政府造成了"三头堵"的局面，导致地方政府总有一种"又让马儿跑、又不给马儿吃草"的感觉。地方政府既要稳增长，又要保民生；既要搞基础设施，又要抓招商引资；既要完成上级规定动作，又要完成一些"亮点"，实属不易。

2. 监管部门在防风险和不打击地方政府发展积极性两方面"左右漂移"

一方面，监管部门认为，地方政府债务既面临"灰犀牛"风险，又面临"黑天鹅"风险。包含了隐性债务的债务率将远远超过警戒线，风险当然很大。有些地方政府寄希望于中央政府用国债偿还地方债，或者中央银行用发行货币的方式帮地方政府偿还债务，这些方式无异于饮鸩止渴。债务置换是短期内不得已的选择，但无法阻止债务"雪球"越滚越大。另一方面，监管部门也不想打击地方政府发展的积极性。因此，监管政策总处在松松紧紧、放放收收的左右摇摆之中。一旦经济形势好一点，就赶快往紧收；一旦经济形势差一点，就赶快往松放。"监管中性"原则在实践中很难坚持。

3. 金融机构在地方政府和监管部门之间面临两难抉择

大多数金融机构均表示，他们很清楚地方政府面临"拆东墙补西墙墙墙有洞，借新债还旧债债债难清"的处境，但只要有机会，只要不踩住"监管红线"，金融机构还是愿意跟地方政府合作，愿意给地方政府提供资金支持。因为跟地方政府、国有企业合作的风险还是较小的；即使成为不良资产，被追责的可能性也是最小的。这种情形下，金融机构不难作出"理性选择"。

（三）破解地方政府投融资困境的出路

地方政府之所以出现投融资困境，究其原因，有以下三方面。一是政府在经济发展中发挥的作用。改革开放 40 多年来，中国经济能够保持高速增长，既有市场经济、民营经济快速发展的原因，也有政府主导型投资超常规增长以及政府主导型银行体系金融支持的原因，后者必然导致地方政府债务规模庞大。二是快速推进城镇化阶段投融资压力剧增。2016 年至 2020 年，城镇基础设施年均投资 15 万亿元，这个资金缺口不是财政所能解决的，只能靠金融。三是地方政府间竞争。部分地方政府不正确的政绩观，以及烦琐且不科学的考核机制加剧了地方政府之间的竞争。面对地方政府面临的投融资困境，需要有应对之策。

1. 地方政府要"勒紧裤腰带"过紧日子，有所为有所不为，为自己减负

一是要严格执行2019年颁布的《政府投资条例》。把政府投资与支出的范畴进行缩减，限定在公益性基础设施、基本公共服务等领域，聚焦于社保、教育、医疗健康等民生领域。减少地方政府"大包大揽"的无序投资，坚决杜绝以满足社会公共需要为由，大搞脱离实际的"形象工程""政绩工程"。二是要加快科技管理职能转变，科学理性招商引资。政府要把更多精力从分钱、分物、定项目转到定战略、定方针、定政策和创造环境、搞好服务上来。坚决杜绝用计划经济的思路，把财政资金过多地投向生产性、营利性的领域；坚决杜绝打着"招商引资"的旗号，大办政府投资性基金参与的"官商"企业，大手大脚花钱，甚至财政资金不够了，就违规集资，由此背上沉重的债务负担。三是合理界定中央政府与地方政府的事权边界，避免地方政府为了抢资源发生恶性竞争。涉及国家安全、关乎国计民生的重要领域交给中央政府统一部署、投资。高技术产业的发展需要大量的投资，技术门槛极高，需要把有限的资金和人才用在"刀刃"上，如果任由各地以"撒胡椒面"的方式狂热发展，必然导致地方政府债台高筑和资源浪费。例如，芯片等关乎国家安全的重要产业，应由国家统一部署，而不是让地方政府互相竞争抢资源、举债融资上项目，最终导致低端产能过剩、政府投资"打水漂"的结果。四是新城开发要量力而行。经济和人口向大城市及城市群集聚是普遍规律，谨防部分中小城市过度建设导致的资源浪费。

2. 对地方融资平台采取"桥归桥，路归路"的分类处置方式

化解地方融资平台债务问题，最终还是要落到改革地方的投融资体制。政府投资应当倾向市场失灵的公共领域，并以非经营项目为主，这需要完善对地方融资平台的管理。一是推动平台公司转型与改革。针对平台公司数量过多、资质参差不齐、功能定位不同的问题，考虑采取"桥归桥，路归路"的分类处置方式，最终形成定位明确、政企边界清晰、业务模式规范的平台公司。平台公司可分为完全竞争类国有企业和（准）公益类国有企业。完全竞争类国有企业要彻底推向市场，做到

"政企分开，权责清晰"；（准）公益类国有企业从事的基础设施建设和社会服务项目可以收费，要有独立的市场主体来负责建设或长期运营。二是对完全竞争类国有企业和（准）公益类国有企业的债务采取不同的处置方式。完全竞争类国有企业的存量和增量债务由企业自身负责，地方政府不再担保；（准）公益类国有企业的债务不能强行推向市场并转换为企业债务。（准）公益类国有企业不可以发企业债，其获得资金的手段只能是地方政府债券，否则企业债会成为下一个地方政府隐性债务。

3. 中央政府要更有担当，为地方政府减负，以国债代替部分地方债

一是规范中央基建投资中要求地方财力配套的问题。中央基建投资需要考虑地方政府有没有财力配套，避免导致基建投资下达到的地方就是各种隐性债务扩大的地方。二是更好地发挥国债的作用，以国债代替部分地方债。中央政府的融资成本远远低于地方政府的融资成本，可以用期限长、利率低的国债来替代部分成本高、期限短的地方政府债；三是增加一般债，减少专项债。在中央对地方的转移支付中增加一般性转移支付的比例，减少专项转移支付的比例，发挥地方政府的能动性。

4. 允许发行市场化的收益债券

地方政府可以授权多个专项债发行主体，更多的专项债应该是由特定资产收益作支持的收益债券。只要是政府常务会或投资决策委员会通过的项目，在监管部门进行风险评估之后，地方政府授权主体可以自主发债。同时，应向投资者说明，该收益债券投资的是准公共产品，不是纯公共产品；兑付该收益债券本金和利息的资金来源是项目收益，不是税收。收益债券能否找到投资者，应由市场说了算。市场会判断该项目该不该修建、有没有效益。如果投资者判断错误，就应承担相应责任和风险。

5. 积极探索股权融资

一是要支持合格的政府和社会资本合作（PPP）。合格PPP遵循的原则是利益共享、风险共担、照顾公共利益、兼顾经济效益，能够有效提升公共设施和基础设施的服务质量,加快社会化投资,降低政府债务。同时要严禁通过保底承诺、回购安排、明股实债等方式进行变相融资。二是要积极推动城投公司上市。在具体操作中,通过整合经营性资产、剥离公益性资产,为城投公司上市准备优质的经营性资产。母公司作为上市公司的大股东,是最大受益者,从上市公司分红取得的收益可以拿去补贴公益类子公司。三是要积极推动基础设施资产证券化。截至2020年底,我国存量的基建项目高达150万亿元,如果有3%的存量用来证券化,就可以带来4.5万亿元的资金,这能够较好拉动中长期基建投资。四是要积极推动基础设施领域不动产投资信托基金(REITs)。REITs不仅是一种融资方式,它的背后是一套相互制约、信任的交易。通过REITs,部分基础设施或公共服务可以交给市场参与者来完成,能够极大缓解地方政府举债压力。

6. 在一个更长的期限内循序渐进处置地方政府隐性债务

在当前我国经济下行压力较大的背景下,处置地方政府隐性债务可能会加大经济下行的压力,所以在处置过程中需要把握好政策的速度、力度和节奏。一是划定一个较长的隐性债务处置期,走渐进式的隐性债务处置道路。渐进不是无奈而是负责,不是妥协而是精进。如果对隐性债务"用药过猛",采取"齐步走"、"一刀切"以及"一步到位"的措施,必然会导致"同步震荡"和"合成谬误"的问题。地方政府隐性债务化解的期限延长至2030年比较合适,各级政府不能层层加码要求下一级政府提前还款。渐进式的道路,本质要求是软着陆,避免出现由于处置风险带来的风险。二是继续通过公开发行地方政府债券对地方政府隐性债务进行置换。化解地方政府隐性债务问题,最直接的办法就是实施债务甄别和置换。公开发行信息透明,有利于将隐性负债逐步过渡为显性负债,实现地方政府债务阳光化,打通地方政府正规融资的渠道。同时还能通过地方政府信用降低融资成本,将高成本的城投债换成低成本的地方债,此举能够为地方政府节约一大笔利息支出。发行地方债是很多发达资本市场解决地方政府债务的通常做法。长期以来,德国地方政府市政债券占到地方政府债务总额的50%,美国和澳大利亚约占

60%。假如我国将债务置换期限延长到10年，当期债务负担会进一步降低。三是"以时间换空间"调整地方债务期限结构，缓解地方政府还债压力。新发行的地方政府债券要选择更长的发行期限，以缓解短期的偿还压力，更好发挥地方政府在基础设施建设中的积极作用。

7. 打破预算软约束，要求地方政府制订偿债计划

各级政府的权力授予、运用、约束机制，与国家治理体系现代化的要求还有差距。近年来，对于违规举债的地方官员也有零星的、轻微的处分。然而，相对于因GDP政绩获得提拔的前景来说，受到处分的概率微乎其微，地方官员不难作出"理性"取舍。预算软约束集中表现在投资时漠视资本价格和成本约束，陷入财务困境时预期得到救助。地方政府之间的竞争机制及官员激励机制、中央和地方财权与事权不匹配等体制问题，使得这一顽疾变本加厉。要遏制引发地方债务不断滋长的机制，根治预算软约束痼疾，必须切实全面深化改革，从制度层面综合发力。一是要求地方政府制订偿债计划。建议每年新增财力的50%必须用于偿债，盘活的存量资金中至少30%用于偿债，土地出让收益中至少30%用于偿债，以此强化地方政府的偿债意识。二是严格执行地方政府债务的"终身问责制"。地方主政官员的任期有限，很容易造成"点菜"和"埋单"分离。这两者一旦分离，现任官员一边为上几任官员点的菜"埋单"，一边不加遏制地"点菜"，留给下几任官员来"埋单"。如果处理不当，那么很容易造成"以贷养贷"的现象，地方政府债务越滚越大。三是开展政府债务融资项目预算绩效管理，提升地方政府资金使用效率。对地方政府新出台的项目，特别是通过举债推出的重大投资项目，切实开展事前绩效评估，重点对立项的必要性、资金投入的经济性、实施方案的可行性、绩效目标的合理性、筹资的合规性等进行论证。不盲目扩大政府投资规模，在把控政府债务风险的基础上，更加注重提升地方政府的投资效率，避免低效率投资、重复建设及地区间的恶性竞争。

8. 推出房产税征收制度，使房产税成为地方政府收入的重要来源

解决债务问题，无外乎开源与节流。房产税的征收可以扩充地方政府收入来源，弥补地方政府日渐枯竭的土地出让金收入，是保障地方政府财政收入稳定的重要来源。在存量房时代，房产税的税源应该集中于保有环节。虽然短期内房产税无法替代土地出让收入，甚至出现房产税与土地出让收入此消彼长的"跷跷板"效应，但长期看替代性将逐渐增强，房产税完全可替代土地出让收入成为地方政府重要的收入来源。

六、全面提升防范资本扩张引发金融风险的能力

近年来，个别大型企业集团在扩张过程中出现的违约现象增加了金融风险，直接关乎国家金融稳定和社会稳定。这些问题的出现，亟须领导干部全面提高防控资本扩张引发金融风险的能力。

（一）产业资本与金融资本相互交织引发金融风险

不论是资本金融化还是金融资本化，趋势都是产业资本的职能在弱化，金融资本的职能却在膨胀。一方面是产业资本在金融领域无序扩张。产业资本进入金融领域容易引发关联交易问题，尤其是在产业资本控股金融机构之后，金融机构在一定程度上成为产业资本的"提款机"，商业风险能够以最快的速度转化为金融风险。资本金融化的后果就是产业资本逐渐被金融资本所支配。另一方面是个别金融机构走上了野蛮扩张之路。一段时间内，保险业乱象严重，相关政策为保险机构片面追求业绩和规模增长提供了支持，这也就为接下来的资本扩张提供了制度支撑，保险业姓"投"不姓"保"问题严重。一些机构先通过关联企业相互投资、虚假增资，再以承诺还本付息和高收益率为诱饵，向社会公众销售投资型保险产品，吸收巨额资金后进行股权投资，保障型业务和保障型产品收入几乎为零，严重脱离了保险服务的宗旨。

（二）资本扩张背后的金融腐败引发金融风险

资本无序扩张的背后总有金融腐败的"影子"。金融行业有其特殊性，即具有高风险、高负债的特征，因此所有国家对金融行业都有严格

的监管。但金融腐败使金融监管形同虚设。金融腐败就是权力与资本的相互利用。它侵蚀金融监管，使金融安全网出现漏洞。在这个过程中，个别监管人员与资本大鳄内外勾结，行贿者非法获取金融牌照和金融资源，监管人员甘愿被"围猎"，使金融监管的效能被严重弱化。金融监管出问题，就意味着整个金融系统失控，直接危及金融稳定。

（三）提高防控资本扩张引发金融风险的能力

防止资本无序扩张，是党中央从构建新发展格局、防范化解重大金融风险、推动高质量发展的战略高度出发，作出的重大部署。只有防止资本无序扩张，才能切断由资本扩张导致高杠杆进而引发金融风险的链条。

1. 坚持加强党的领导与公司治理相统一

金融领域的特殊属性增加了防范金融风险的难度。为了更好维护金融稳定与金融安全，需要发挥我国的制度优势和政治优势，需要将党的领导与公司治理深度融合，按照中央全面从严治党的要求和巡视全覆盖部署，充分发挥巡视利剑作用，坚决遏制金融领域的违法违规问题。金融工作必须在党的领导下开展，紧紧围绕服务实体经济、防控金融风险、深化金融改革三项任务，实现以人民为中心的发展。党的宗旨是全心全意为人民服务，人民立场是党的根本立场，金融工作不能忘了这个宗旨和立场。把加强党的领导和完善公司治理统一起来，就是要把党的领导融入金融机构治理各环节，保证党组织在金融机构治理结构中的领导地位。

2. 筑牢产业资本与金融资本的"防火墙"

社会主义市场经济的本质是法治经济，资本的活动当然要依法进行。要坚持守正创新，在以人民为中心的前提下鼓励资本作为生产要素健康发展。只有找准正确方向，发展才会有好的结果。不讲规范，就无法实现健康的发展。防止资本无序扩张，不是不要资本，而是要对资本的发展加以规范。现代化经济体系中的一项重要内容就是公平竞争的市场体系，只有为资本设置"红绿灯"，统筹考虑活力和秩序，坚持监管规范和促进发展两手并重，才能让资本服务于经济社会发展大局。在实践中，既要发挥金融资本服务实体经济的功能，又要遏制金融资本化和资本金融化的弊端。在金融资本方面，要强化其融资功能；在产业资本方面，要突出其作为生产要素的本位。金融业是我国应对资本无序扩张的主阵地，要遏制金融业资本的无序扩张，既要加强对金融机构股东的穿透式监管，依法打击各种金融大鳄通过隐蔽渠道控制金融机构的行为；也要严防银行保险资金违规乱用，以加杠杆的方式助力资本无序扩张。通过保费从事股权投资有较大风险，投保人的利益难以保证，需要规范保费的投资权限，对恶意扩张行为要严格限制。

3. 完善公司治理结构

从实践中来看，企业盲目扩张和高杠杆融资的决策往往缺少正常的决策程序，董事会形同虚设，少数人说了算的现象明显，是典型的决策体制和公司治理出了问题，这种情况在金融机构同样存在。一是要严格防止金融机构被大股东控制。为了实现快速扩张，一些大型企业都想控股或"插足"金融机构，究其目的，就是为了实现自融，进而实现快速扩张。一旦经营不善导致扩张失败，必然会拖垮一部分金融机构，这部分金融机构通过同业市场又会拖累另一部分金融机构。二是要完善企业内部控制管理体系。企业借贷会影响股东利益，当然需要董事会作出决议，因为借款的风险和损失是要由股东来承担的。只有规范各项风险管理制度，防止出现大股东以"一言堂"的方式决定企业的扩张策略，才能规避财务风险。三是要谨慎决策以避免盲目扩张。企业可以通过开拓相关业务来分散风险，但扩张的风险极大，尤其是扩张到非相关业务领域时，因为非相关业务需要投入大量的物力财力，收益的不确定性更大。因此企业的扩张更应关注核心产业，完善产业布局。

4. 谨防杠杆率过高

预防杠杆率过高的"牛鼻子"在金融领域。作为现代经济的核心要素，金融在经济发展中扮演着杠杆和助推器的作用，有效利用好金融的杠杆作用，能够高效组织和配置各类资金，极大地促进经济社会的发展进程。但是，过度使用高杠杆是引发金融危机的重要原因。要真正解决好我国杠杆率的问题，不能简单就事论事或囫囵吞枣式笼统地谈杠杆率，大框架上还是要结合深化金融供给侧结构性改革实现经济的去杠杆。过度依赖银行的间接融资体系必然导致企业的杠杆率居高不下，成为重要的金融风险隐患点。只有发展资本市场，提高直接融资比重，才能建立起分散风险的机制。

第七章

提升领导干部正确认识和把握我国发展重大理论和实践问题的能力

推动我国经济社会向前发展,必须正确认识所处的发展阶段。当前和今后一个时期,我国发展仍然处于重要战略机遇期,但机遇和挑战都有新的发展变化。从外部环境看,世界百年未有之大变局加速演进,新一轮科技革命和产业变革深入发展;从内部发展看,我国经济发展面临"三重压力",发展不平衡不充分问题仍然突出。我们既有短期风险需要防范化解,也有共同富裕、碳达峰碳中和等长期目标需要推进……我们要因势而谋、因势而动、因势而进,坚持系统观念,加强前瞻性思考,推动我国经济实现质的稳步提升和量的合理增长。总之,进入新发展阶段,我国发展内外环境发生深刻变化,面临许多新的重大问题,需要正确认识和把握。

一、正确认识和把握实现共同富裕的战略目标和实践途径

中国共产党成立一百年来,一代又一代党中央领导集体始终围绕实现中华民族伟大复兴、实现共同富裕的奋斗目标,一张蓝图绘到底。邓小平同志指出:"社会主义国家有个最大的优越性,就是干一件事情,一下决心,一作出决议,就立即执行,不受牵扯。"[1] 为了实现共同富

---

[1] 《邓小平文选》(第三卷),人民出版社1993年版,第240页。

裕的目标，一代又一代的中国共产党人继承了马克思主义的基本立场、观点和方法，不仅从理论上不断丰富共同富裕的思想，也在实践中根据不同历史时期的特征不断推进共同富裕目标的实现。

（一）中国共产党人从理论上对共同富裕思想的传承与发展

共同富裕，是马克思主义的一个基本目标，也是自古以来我国人民的一个基本理想。中国共产党人共同富裕思想的形成，既受马克思和恩格斯经典理论的影响，又受我国传统文化中"大同"思想的影响。当然，最直接的来源是毛泽东的共同富裕思想。改革开放之后，邓小平明确提出共同富裕是社会主义的本质要求。党的十九届五中全会要求我们在推进共同富裕上取得实质性进展。马克思和恩格斯指出："过去的一切运动都是少数人的，或者为少数人谋利益的运动。无产阶级的运动是绝大多数人的，为绝大多数人谋利益的独立的运动。"[1] 共产党有自己的政治经济纲领，其最高的纲领是实现共产主义。未来共产主义社会必然要实现共同富裕，必然要在满足全体社会成员物质和精神需求的基础上实现人的全面发展。

中国共产党人始终坚持共产主义的理想。在这个问题上，中国共产党历代领导人有着一以贯之的思想和理论。毛泽东同志历来重视经济建设工作、人民生活水平的提高和全体人民的共同富裕。邓小平同志从社会主义本质的角度来看共同富裕，强调："社会主义不是少数人富起来、大多数人穷，不是那个样子。社会主义最大的优越性就是共同富裕，这是体现社会主义本质的一个东西。"[2] "三个代表"重要思想与共同富裕的目标高度一致，生产力发展水平直接影响老百姓的生活水平，抛开生产力，共同富裕是不可能实现的，只会导致共同贫穷。江泽民同志指出，"要注意教育和引导先富起来的非公有制经济人士，不忘共同富裕这个社会主义的大目标，不要只满足于一己之富，而应该致富思源、富

---

[1] 马克思、恩格斯：《共产党宣言》，人民出版社 2014 年版，第 39 页。
[2] 《邓小平文选》（第三卷），人民出版社 1993 年版，第 364 页。

而思进，报效祖国，奉献社会"①。中国自古就提倡"饱而知人之饥，温而知人之寒"，主张义利兼顾，反对为富不仁。从本质上说，社会主义制度是比资本主义制度优越的社会制度。人类最终总要摆脱任何剥削阶级占统治地位的社会而进入崭新的社会主义社会，这是历史发展的必然。社会主义制度保证人民当家作主，坚持公有制为主体，解放和发展生产力，消灭剥削制度，消除两极分化，推动物质文明和精神文明协调发展，最终实现全体人民共同富裕。只要我们坚持并不断完善社会主义制度，中国一定会强盛，中国人民一定会走向共同富裕，中华民族一定会实现伟大复兴。胡锦涛同志指出："科学发展观，第一要义是发展，核心是以人为本，基本要求是全面协调可持续，根本方法是统筹兼顾。"② 科学发展观就是要促进人的全面发展，走共同富裕的道路。以科学发展观推动共同富裕，必须始终坚持以经济建设为中心，聚精会神搞建设，一心一意谋发展。只有坚持以经济建设为中心，不断增强综合国力，才能抓好发展这个党执政兴国的第一要务，为实现共同富裕打下坚实物质基础。习近平同志强调："人民立场是马克思主义政党的根本政治立场。"③ 实现共同富裕的目标，就是要坚持人民主体地位，使发展成果更多更公平惠及全体人民。共同富裕是全体人民的富裕，是要实现14亿人共同富裕，不是少数人富裕、一部分人富裕。共同富裕是物质生活和精神生活都富裕，不仅仅是物质富裕。当然，物质富裕是前提和基础，如果温饱都无法满足，何谈人的全面发展。因此要坚持在高质量发展中实现共同富裕。高质量发展和共同富裕是你中有我、我中有你的关系：只有通过高质量发展，才能实现共同富裕；必须依托共同富裕，才能增强高质量发展的后劲。

（二）中国共产党人推进共同富裕的实践历程

我们党在不同历史时期，总是根据人民意愿和事业发展需要，提出

---

① 《江泽民文选》（第三卷），人民出版社2006年版，第206页。
② 《胡锦涛文选》（第二卷），人民出版社2016年版，第623页。
③ 《习近平谈治国理政》（第二卷），外文出版社2017年版，第189页。

富有感召力的奋斗目标，团结带领人民为之奋斗。新民主主义革命的胜利，社会主义基本制度的建立，为当代中国一切发展进步奠定了根本政治前提和制度基础。改革开放有力地推动了经济社会发展和人民生活改善，创造了经济快速发展和社会长期稳定两大奇迹。在全面建设社会主义现代化国家的新征程上，要在高质量发展中实现全体人民的共同富裕。

1. 从新民主主义革命胜利到社会主义制度的确立

社会主义制度的建立，为实现最广大人民群众的根本利益，为消除、减缓贫困，实现共同富裕奠定了厚实的制度保障基础。新中国成立后，党领导开展了经济、政治、思想文化等多方面的建设，各方面的建设紧紧围绕着恢复和发展生产这一中心任务。1949年10月，政务院宣布成立，下设有内务、外交、财政等30个工作部门，其中有关财政经济的部门有16个，这表明经济建设在新的政府工作中占有重要地位。从1953年起，我国开始了经济建设的第一个五年计划，经济建设工作在整个国家生活中已经居于首要的地位。1954年，第一届全国人民代表大会第一次会议召开，周恩来在政府工作报告中对我国实现四个现代化目标进行了概括，即建设现代化的工业、现代化的农业、现代化的交通运输业和现代化的国防，迈出了走向共同富裕的第一步。

第一，新民主主义革命取得胜利。新中国的诞生是中国共产党人为争取绝大多数人民的人权即基本生存权而浴血奋斗的硕果。它标志着中国人民受奴役、受欺凌，以及生存权、发展权无法得到保障的历史已经一去不复返了。在旧中国，由于几千年封建制度的桎梏，以及鸦片战争以来三座大山的压迫，广大劳动人民长期过着贫困的生活。新中国和社会主义制度的建立，为中国反贫困事业翻开崭新一页。在中国共产党的领导下，人民当家做了主人，这就为摆脱贫困和实现共同富裕提供了根本条件。2020年全面建成小康社会，解决了几千年来没有解决的绝对贫困问题。这一事实无可辩驳地说明，我国的社会主义制度具有巨大的优越性，是彻底消除贫困和实现共同富裕的最大优势。

第二，确立党在过渡时期总路线。党在过渡时期的总路线和总任务，可以用"一化三改"来形容。实现党在过渡时期的总路线，就是要把非社会主义工业变为社会主义工业，使社会主义工业成为我国整个国民经济发展起决定作用的领导力量。

第三，完成土地制度改革。封建土地制度是造成农民贫穷和农业生产落后的总根源。土地改革是消灭封建剥削制度的社会变革，土地改革的完成使我国农村的土地占有关系发生了根本变化，在中国延续2000多年的封建土地所有制被彻底废除，"耕者有其田"的理想在共产党的领导下变成了现实，长期被束缚的农村生产力获得了历史性的大解放，对我国经济、政治、文化和城乡社会都产生了极为深刻的影响，是中国共产党领导中国人民反对封建主义斗争的历史性标志，为新中国的经济恢复发展与社会进步奠定了基础。

2. 从解决温饱问题到达到小康水平

党的十一届三中全会以后，中央提出了一系列反贫困思想、论断，成为指引我国反贫困实践的伟大旗帜。这一时期，在对贫困本质的认识上，提出贫穷不是社会主义，发展太慢也不是社会主义。世界历史表明，社会主义不是在资本主义相对发达的国家首先取得胜利，而恰恰是在经济比较落后的国家首先获得胜利，这就决定了坚持和发展社会主义的长期性和艰巨性。社会主义必须大力发展生产力，逐步消灭贫穷，不断提高人民的生活水平，最终实现共同富裕。我国幅员辽阔，人口众多，但基础差，底子薄。面对这样的具体国情，怎样才能使全国人民消除贫困，走共同富裕之路呢？过去搞平均主义，吃大锅饭，实际上是共同落后，共同贫穷。只有让一部分人先富起来，通过富帮穷、先富帮后富，才能实现共同富裕。中国要谋求发展，摆脱贫困和落后，就必须开放。这个时期，改革开放成为我国消除、减缓贫困，实现共同富裕的根本途径。

第一，实行家庭联产承包责任制。以家庭联产承包责任制为核心的土地制度改革，采取了统一经营与分散经营相结合的原则，使集体优越性和个人积极性同时得到发挥。家庭联产承包责任制以农户为承包单位，扩大了农民的自主权，发挥了小规模经营的长处，克服了管理过分集中和平均主义的弊病，高度激发了农民的生产积极性，彻底解决了农业生产上长期激励不足的难题，极大地解放了农村的生产力，促进了农业生产力的发展，粮食总产量从1978年的6095亿斤增至1984年的8146亿斤。同时，家庭联产承包责任制又继承了以往合作化的积极成果，坚持了土地等基本生产资料的公有制。家庭联产承包责任制的实行，极大提高了农民的收入，大幅度减少了农村贫困人口，成为以体制改革解决贫困问题的典范。

第二，发展乡镇企业。20世纪80年代以来，我国的乡镇企业获得迅速发展，对充分利用乡村地区的自然及社会经济资源，向生产的深度和广度进军，对促进乡村经济繁荣和人民物质文化生活水平的提高，改变单一的产业结构，吸收数量众多的乡村剩余劳动力，以及改善工业布局，逐步缩小城乡差别和工农差别，建立新型的城乡关系均具有重要意义。乡镇企业不仅成为中国农民脱贫致富的必由之路，而且成为国民经济的一个重要支柱。乡镇企业是独立自主的经济实体。它有如下特点：一是产供销活动主要靠市场调节；二是职工大都实行亦工亦农的劳动制度和灵活多样的分配制度；三是与周围农村联系密切，便于利用本地各种资源；四是分布点多、面广，便于直接为各类消费者服务；五是经营范围广泛，几乎涉及各行各业；六是规模较小，能比较灵活地适应市场需求的不断变化；七是大多是劳动密集型的经济组织，技术设备比较简陋，能容纳大量农村剩余劳动力。这些特点不仅使乡镇企业具有极大的适应性和顽强的生命力，而且有利于乡镇企业因地制宜，积极开发利用当地优势资源，大力发展农副产品加工业、农用工业等，促进了农村工业小区和集镇建设。我国大力发展乡镇企业的实践证明，乡镇企业极大地繁荣了农村经济，改变了农村落后的面貌，解决了农村富余劳动力就业问题，增加了农民收入，改善了农民生活。同时，在这一时期，政府放松了对人口流动的限制，促进了农村劳动力非农化转移。这些体制改革成了我国农村扶贫的主要推动力，推动了农村经济增长，极大地改善了人民群众的生活水平。

第三，开展大规模有针对性的开发式扶贫。这一时期反贫困开发政策可以概括为以下四个方面。一是坚持开发式反贫困工作方针，即在国家必要支持下，充分利用贫困地区自然资源，进行开发性生产建设，逐步形成我国贫困地区、贫困户的自我积累和发展能力，最终依靠自身力量解决温饱、脱贫致富。二是以县为单位确立国家反贫困重点，形成按区域实施反贫困计划的基础。三是增加扶贫资金、物资投入，扶持能够为贫困农户提供参与经济发展机会的生产开发项目。这一时期确定的开发式反贫困以区域开发作为切入点，从而带动扶贫工作的推进。四是实施《国家八七扶贫攻坚计划（1994—2000年）》。计划提出扶贫攻坚的奋斗目标是把解决贫困人口温饱问题作为首要任务。千头万绪，温饱第一。计划要求到20世纪末，使全国绝大多数贫困户年人均纯收入按1990年不变价格计算达到500元以上，扶持贫困户创造稳定解决温饱问题的基础条件，减少返贫人口；对集中连片的重点贫困地区安排大型开发项目。优先向贫困地区安排一批水利、交通等基础设施项目和资源开发项目，带动当地农户就业，脱贫致富。

3. 从全面建设小康社会到全面建成小康社会

到2020年全面建成小康社会，是中国共产党向人民、向历史作出的庄严承诺。党的十八大提出全面建成小康社会的目标，与党的十六大提出的全面建设小康社会奋斗目标和党的十七大提出的实现全面建设小康社会奋斗目标新要求相衔接，是实现共同富裕的关键一步。

第一，实施西部大开发战略。实施西部大开发战略，加快中西部地区发展，是为了贯彻邓小平同志提出的"两个大局"战略思想作出的重大决策。我国的陆地边界，西部地区占了80%，加快西部地区的发展，对于我国未来的繁荣昌盛和长治久安，对于解决西部的贫困问题和全面建成小康社会，具有极其重大的意义。一是加快西部地区基础设施建设。基础设施薄弱是制约西部地区发展的主要因素，不把基础设施搞上去，西部开发就会遇到极大困难。中央加强了西部地区公路、铁路、机场、天然气管道等交通运输基础设施建设，同时，加强了西部地区电网、通信和广播电视等基础设施建设，加快农村电网的改造，实施广播电视"村村通"计划。加强了农村水利设施建设，大力推行农业节水灌溉，着力抓好一批重点骨干工程。二是加强生态环境保护和建设。西部地区加快恢复林草植被，加快治理水土流失问题，坚决实行"退耕还林（草）、封山绿化、以粮代赈、个体承包"的措施。同时，我国把退耕还林还草同扶贫开发结合起来，结合当地实际情况选择树种草种，宜林则林，宜草则草，做到了生态林、用材林、经济林的合理搭配，既保证了农民的近期生活，也解决了农民长远生计问题，使农民得到了实惠。三是发展西部地区的旅游业。西部地区自然风光多姿多彩，历史古迹闻名遐迩，发展旅游业具有得天独厚的优势。通过保护好生态环境，改善交通卫生条件，提高服务质量，吸引天下游客来观光，使旅游业成为西部地区农民增收的重要渠道。

第二，确立新世纪扶贫计划。在《国家八七扶贫攻坚计划（1994—2000年）》完成之后，我国农村贫困现象明显缓解，贫困人口大幅度减少。到2000年底，除了少数社会保障对象和生活在自然环境恶劣地区的贫困人口，以及部分残疾人，全国农村贫困人口的温饱问题已经基本解决，《国家八七扶贫攻坚计划（1994—2000年）》确定的战略目标基本实现。但是，初步解决温饱问题的群众，由于生产生活条件尚未得到根本改变，他们的温饱还不稳定，温饱的标准还很低，巩固温饱成果的任务还很艰巨，需要继续把扶贫开发放在国民经济和社会发展的重要位置。为此，国家实施了新的扶贫计划——《中国农村扶贫开发纲要（2001—2010年）》，就是要尽快解决少数贫困人口温饱问题，进一步改善贫困地区的生产生活条件，巩固温饱成果，把我国的扶贫开发事业推向一个新的阶段，为达到小康水平创造条件。一是坚持开发式扶贫方针。以经济建设为中心，以市场为导向，帮助贫困地区开发当地资源，发展商品生产，改善生产条件，走出一条适合自身的发展道路。这是贫困地区脱贫致富的根本出路。二是坚持综合开发、全面发展。把扶贫开发纳入国民经济和社会发展计划，既加强水利、交通、电力、通信等基础设施建设，又重视科技、教育、卫生、文化事业的发展。三是坚持可持续发展。将扶贫开发与资源保护、生态建设相结合，实现资源、人口和环境的良性循环。四是确定扶贫开发的重点。按照集中连片的原则，国家把贫困人口集中的中西部少数民族地区、革命老区、边疆地区和特困地区作为扶贫开发的重点，在这些地区确定扶贫开发工作重点县。

第三，实施精准扶贫方略，打赢脱贫攻坚战。党的十八大以来，我国开始实施精准扶贫方略，目的就是要拿出"绣花"的功夫，做到对症下药、精准滴灌、靶向治疗，不能搞大水漫灌、走马观花、"手榴弹炸跳蚤"。具体来看，就是注重抓六个精准：扶贫对象精准、项目安排精准、资金使用精准、措施到户精准、因村派人精准、脱贫成效精准。为了做到上述六个精准，就需要解决好以下四方面的问题。一是解决好"扶持谁"的问题。精准识别贫困人口是精准施策的前提，只有知道谁是贫困户、贫困人口，才能有针对性地采取扶贫对策。因此，各地花了大量时间和精力进行建档立卡，就是要弄清楚精准扶贫的对象。二是解决好"谁来扶"的问题。中共中央、国务院主要负责统筹制定脱贫攻坚的大政方针，出台重大政策举措。地方上"五级书记一起抓，层层签订军令状"，尤其是县级党委和政府承担主体责任，县委书记和县长是第一责任人。三是解决好"怎么扶"的问题。针对不同原因导致的贫困，开出不同的"药方"，实施"五个一批"工程。四是解决好"如何退"的问题。建立第三方评估机制，杜绝了"数字脱贫"，增强了脱贫工作绩效的可信度。

4. 从富裕到全体人民共同富裕

"富裕"更多强调生产力发展水平，即"做大蛋糕"；"共同"更多强调社会主义先进生产关系，即"分好蛋糕"。因此，"共同富裕"同时强调生产力和生产关系，既要"做大蛋糕"，又要"分好蛋糕"。党的十八大以来，党中央把握发展阶段新变化，把逐步实现全体人民共同富裕摆在更加重要的位置上。共同富裕是社会主义的本质要求，是中国式现代化的重要特征。实现中国式现代化与推动共同富裕阶段目标也高度一致，在2035年基本实现社会主义现代化的时候，全体人民共同富裕也要取得更为明显的实质性进展，基本公共服务实现均等化；到本世纪中叶建成社会主义现代化强国的时候，全体人民共同富裕的目标要基本实现。

共同富裕不是"养懒人","等靠要""懒惰""躺平""内卷"只会离共同富裕越来越远。天上不会掉馅饼，世界上也从来没有"免费的午餐"，什么时候都不要想象可以敲锣打鼓、欢天喜地实现共同富裕，唯有奋斗和辛勤劳动，不断跨越新时代的"雪山草地"、"娄山关"和"腊子口"，才能实现共同富裕。共同富裕的程度和经济社会发展的水平是一个水涨船高的关系，水浅划小船，水深行大船。经济社会发展是一个从低水平向高水平不断推进的过程，共同富裕也必将经历一个从低级到高级、从不均衡到均衡的过程，即使达到很高水平也会有差别。各地区在推进共同富裕的进程上会有差异，不可能完全同步；在水平上也会有差异，不可能完全同等。不同人群不仅实现富裕的程度有高有低，时间上也会有先有后，不可能齐头并进。这就需要立足国情、立足经济社会发展水平来思考设计推动共同富裕的政策，既不要裹足不前、铢施两较、该花的钱也不花，也不要吊高胃口、好高骛远、口惠而实不至。

（三）从实现途径准确理解共同富裕

在我国社会主义制度下，既要不断解放和发展社会生产力，不断创造和积累社会财富，又要防止两极分化。实现共同富裕目标，首先要通过全国人民共同奋斗把"蛋糕"做大做好，然后通过合理的制度安排把"蛋糕"切好分好。这是一个长期的历史过程，要稳步朝着这个目标迈进。要在推动高质量发展中强化就业优先导向，提高经济增长的就业带动力。要发挥分配的功能和作用，坚持按劳分配为主体，完善按要素分配政策，加大税收、社保、转移支付等的调节力度。支持有意愿有能力的企业和社会群体积极参与公益慈善事业。要坚持尽力而为、量力而行，完善公共服务政策制度体系，在教育、医疗、养老、住房等人民群众最关心的领域精准提供基本公共服务。

实现共同富裕，首先是做大做好"蛋糕"，然后是切好分好"蛋糕"，不是"分好蛋糕比做大蛋糕更重要"。社会上有一种观点认为，目前贫富差距大是我国面临的主要问题，因此"分好蛋糕比做大蛋糕更重要、更紧迫",主张将分配提升到优先于发展的位置。这种观点是不对的,要想实现共同富裕,首先是做大做好"蛋糕",然后是切好分好"蛋糕",什么时候也不能忘记,发展是解决我国一切问题的基础和关键,改革开放以来的经验已经证明了这一点。如果没有扎扎实实的发展成果,没有人民生活的不断改善,实现共同富裕就是空谈。坚持以经济建设为中心是党的基本路线的要求,是兴国之要,只有经济持续健康发展,才会有国家的繁荣富强、人民的幸福安康、社会的和谐稳定,才会有真正的共同富裕。

实现共同富裕,需要坚持的是"两个毫不动摇",不是"民营经济离场论"。党的十八大以来,习近平同志多次重申坚持基本经济制度,坚持"两个毫不动摇"。公有制经济和非公有制经济都是社会主义市场经济的重要组成部分,都是我国经济社会发展的重要基础,都是推动实现共同富裕的重要力量。我们既要强调国有企业在推动共同富裕中的重要作用,也要强调民营企业在推动共同富裕中的重要作用。改革开放40多年来,我国民营经济不断发展壮大,已经具有"五六七八九"的特征①,成为推动共同富裕不可或缺的力量,成为创业就业的主要领域、国家税收的重要来源。在推动共同富裕实现的过程中,民营经济只能壮大、不能弱化,不仅不能"离场",而且要走向更加广阔的舞台、发挥更大的作用。

实现共同富裕所需要的分配制度,是构建初次分配、再分配、三次分配协调配套的制度安排,不是劫富济贫。促进共同富裕,需要正确处理效率和公平的关系,想方设法扩大中等收入群体比重,千方百计增加低收入群体收入,合理调节高收入,取缔非法收入,形成中间大、两头小的橄榄型分配结构。首先,初次分配是基础,要做到效率优先、兼顾公平。我国以公有制为主体、多种所有制经济共同发展的基本经济制度决定了我国实行按劳分配为主体、多种分配方式并存的收入分配制度,

---

① 2018年11月,习近平总书记在民营企业座谈会上,概括了民营经济具有的"五六七八九"的特征。

要把按劳分配和按生产要素分配结合起来，健全劳动、资本、土地、知识、技术、管理、数据等生产要素由市场评价贡献、按贡献决定报酬的机制。这一制度安排有利于调动各方面积极性，有利于实现效率和公平有机统一。初次分配就是要千方百计增加居民收入，让每一种生产要素各尽其能，给每一个奋斗者以公平的机会。其次，再分配是关键，要做到促进公平，兼顾效率。再分配就是要解决市场失灵的问题，以此缩小收入差距。财政分配的依据是公共权力，由此采用的手段以强制性为主。最后，三次分配是自愿、是辅助、是彰显爱心。中央强调发挥三次分配的作用，并不是强迫高收入者"均贫富"，不是劫富济贫，而是要借助一定的制度安排，激励人们自愿捐助。

实现共同富裕所需要的体制支撑，是"使市场在资源配置中起决定性作用，更好发挥政府作用"，不是平均主义。实现共同富裕，"看不见的手"和"看得见的手"都要用好，努力形成市场作用和政府作用相互促进、共同发力的格局。一方面，实现共同富裕，就是要创造更多的财富，就是要不断提高全要素生产率，就是要以尽可能少的资源投入生产尽可能多的产品、获得尽可能大的效益。从计划经济到市场经济的理论和实践都证明，市场配置资源是最有效率的形式，因此要使市场在资源配置中起决定性作用，减少政府对资源的直接配置，减少政府对微观经济活动的直接干预，加快建设统一开放、竞争有序的市场体系，让1.5亿户市场主体迸发最大的活力，发挥最大的能力去创造财富。这就必然会导致一部分人和一部分地区先富起来，不会是同步富裕，更不能成为平均主义。另一方面，实现共同富裕也要更好发挥政府作用，切实转变政府职能，健全宏观调控体系，不断改善营商环境，促进社会公平正义和社会稳定，促进共同富裕。

实现共同富裕是持久战，不是突击战。任何事物的发展都需要一个从量变到质变的过程，实现共同富裕同样如此，是一个长期的历史过程，不可能毕其功于一役，不可能一蹴而就，不能把长期目标短期化、系统目标碎片化。我国仍处于并将长期处于社会主义初级阶段，这是我国的基本国情，没有变；我国仍然是世界上最大的发展中国家，这是我国基本的国际地位，也没有变。我国当前尚存在大量短板，发展不平衡不充分的问题突出，城乡、区域收入之间的差距明显，供给结构对需求的适配性不高，统筹发展和安全的压力较大，住房、教育、医疗、养老等民生领域的短板有待解决，中等收入群体所占比例不到三分之一，实现共同富裕是一件长期艰巨的任务，只能一步一个脚印、脚踏实地向前推进。

二、正确认识和把握资本的特性和行为规律

社会主义市场经济本质上是法治经济，必须以保护产权、维护契约、统一市场、平等交换、公平竞争、有效监管为基本导向，资本活动要依法进行。应该看到，防止资本无序扩张，不是不要资本，而是要资本有序发展。

（一）正确认识资本

马克思、恩格斯没有设想社会主义条件下可以搞市场经济，当然也就无法预见社会主义国家如何对待资本。列宁、斯大林领导下的苏联实行的是高度集中的计划经济体制，也没有遇到大规模资本问题。社会主义市场经济是一个伟大创造，社会主义市场经济中必然会有各种形态的资本。不管是资本主义社会的资本，还是社会主义社会的资本，都是要追逐利润的。新理论产生于新实践，新实践需要新理论指导。进入新发展阶段，我国发展内外环境发生深刻变化，如何正确认识和把握资本的特性和行为规律，是当下必须面对和解决的一个全新的重大理论和实践问题，事关社会主义市场经济健康发展。改革开放40多年来，作为生产要素的重要组成部分，资本同劳动、土地、技术、数据等一道共同为社会主义市场经济的繁荣和发展作出了重要贡献，促进了社会生产力发展，激发了社会活力，提升了人民福祉，其积极作用必须充分肯定。同时，资本是逐利的，这是其本质属性。在看到资本促进经济增长的有利一面时，也不能忽视另一面。如果不加以有效约束，任由资本无底线逐

利冲动无限放大，就会给整个经济社会发展带来一系列危害。资本是在一定生产力发展水平和生产方式下的客观存在，既能创造价值，也容易野蛮生长。面对资本复杂的"两面性"，在社会主义市场经济条件下，如何发挥资本的积极作用、抑制其消极作用，需要我们在理论和实践创新中探索解答。

（二）遏制资本无序扩张

近年来，由于认识不足等原因，我国一些领域出现资本无序扩张，肆意操纵，牟取暴利。有的平台经济利用资本监管薄弱之处，规避监管，出现了无序扩张现象。有的资本为赚取超额利润从供需两端限制和排斥竞争，破坏市场秩序。有的资本盲目放大产能，影响结构调整战略布局落地。有的资本利用国家大力推进改革创新，鼓励新业态、新模式、新产业发展的契机，炒作前沿概念和运营模式，通过手中掌握的优势资源野蛮生长。这种"片面的繁荣"经不起考验，更有损行业健康可持续发展。随着市场垄断、无序扩张、野蛮生长凸显，出现了限制竞争、赢者通吃、价格歧视、泄露个人隐私、损害消费者权益、风险隐患积累等一系列问题。倘若得不到有效监管和治理，"无序""野蛮""任性"的资本就会影响社会主义市场经济发展根基。应该看到，资本创造价值和野蛮生长都源于其逐利性，哪一面是主流，关键在于哪一面能正确且有效地引导资本的行为。在社会主义市场经济条件下，正确认识和把握资本的特性和行为规律，就能扬长避短、趋利避害，在防止资本野蛮生长的同时充分发挥其积极作用，为经济持续健康发展注入强劲动力。

（三）支持和引导资本规范健康发展

遏制资本无序扩张，不是不要资本，而是要资本有序发展。面对资本，要求我们既能够发挥资本作为生产要素的功能，又不能让"资本大鳄"恣意妄为。

1. 为资本设置"红绿灯"

发挥资本作为生产要素的积极作用，同时有效控制其消极作用。社会主义市场经济是法治经济，资本活动要依法进行。依法加强对资本的有效监管，防止资本野蛮生长。"红绿灯"适用于道路上行驶的所有交通工具，对待资本也一样，各类资本都不能横冲直撞。要反垄断、反暴利、反天价、反恶意炒作、反不正当竞争，既要设置"红灯"，也要设置"绿灯"。"红灯"是为了划定边界、加强规范，"绿灯"是为了发挥资本作为生产要素的积极作用。

2. 要支持和引导资本规范健康发展

坚持和完善社会主义基本经济制度，毫不动摇巩固和发展公有制经济，毫不动摇鼓励、支持、引导非公有制经济发展，促进非公有制经济健康发展和非公有制经济人士健康成长。我们党在坚持基本经济制度上的观点是明确的、一贯的，从来没有动摇。党的十八大以来，以习近平同志为核心的党中央坚持"两个毫不动摇"，探索公有制多种实现形式，支持民营企业改革发展，培育更多充满活力的市场主体。正确认识和把握资本的特性和行为规律，就要坚持和完善社会主义基本经济制度，营造各种所有制主体依法平等使用资源要素、公开公平公正参与竞争、同等受到法律保护的市场环境，最大程度激发市场主体活力，让一切劳动、知识、技术、管理和资本的活力竞相迸发，让一切创造社会财富的源泉充分涌流。

3. 资本市场应进一步发挥好资源配置功能

资本市场要促进资本要素优化配置，支持国家发展战略，引导更多资本投向绿色转型、专精特新等领域。资本市场不仅具有融资的功能，还具有投资的功能；不仅是一个资源配置的市场，还是一个财富管理的市场，资本市场的健康发展关乎国家治理体系和治理能力现代化。资本市场发挥风险共担、利益共享机制，在推动科技创新、产业转型及经济高质量发展中发挥着重要且不可替代的作用。资本市场要进一步提升在资源配置上的枢纽作用，加大对科技创新驱动的支持，服务国家战略，服务现代化经济体系建设。

三、正确认识和把握初级产品供给保障

保障初级产品供给事关国家安全，是一个重大的战略性问题。农产品、能源、矿产等初级产品是整个经济最为基础的部分，其供给保障能力强不强、水平高不高，直接决定着我国经济发展的成色、韧性和抗冲击能力。

（一）保障农产品供给安全

保障粮食等重要农产品供给安全，是"三农"工作头等大事。国家粮食安全这根弦什么时候都要绷紧，一刻也不能放松。中国人的饭碗任何时候都要牢牢端在自己手中，中国人的饭碗应该主要装中国粮。要把提高农业综合生产能力放在更加突出的位置，持续推进高标准农田建设，深入实施种业振兴行动，提高农机装备水平，保障种粮农民合理收益，确保口粮绝对安全、谷物基本自给，提高油料、大豆产能和自给率。要优化农业供给政策，积极稳妥改革粮食等重要农产品价格形成机制和收储制度，以市场定价、价补分离为取向，以确保口粮绝对安全、防止谷贱伤农为底线，分类完善改革方案，释放反映供求关系的价格信号。要完善农业补贴制度，提高补贴政策指向性和精准性。发展适度规模经营是优化农业供给体系的重要举措，要完善支持政策，细化和落实承包土地"三权分置"办法，培育新型农业经营主体和服务主体。

（二）保障重要能源资源供给安全

当前，我国正处在工业化、城镇化快速发展期，经济发展的外部环境更趋复杂严峻，必须把能源安全放在国家发展战略的重要位置。我国能源安全应立足"富煤、贫油、少气"的基本国情，要推动能源消费、能源供给、能源技术和能源体制革命。为了更高质量保障能源安全，必须建立多元的能源供应保障体系。要加大勘查力度，实施新一轮找矿突破战略行动，提高海洋资源、矿产资源开发保护水平。要明确重要能源

资源国内生产自给的战略底线，发挥国有企业支撑托底作用，加快油气等资源先进开采技术开发应用。要加强国家战略物资储备制度建设，在关键时刻发挥保底线的调节作用。要有序推动能源绿色低碳转型，大力推进以沙漠、戈壁等地区为重点的大型风电光伏基地和分布式新能源建设，对区域内现有煤电机组进行升级改造，使之为新能源发电提供调节支撑。这既是实现"双碳"目标的需要，也是降低我国对国际油气依赖度、提高能源自给率的重点方向。要优化海外资源保障能力，以互利共赢的方式充分利用国际国内两个市场、两种资源，在有效防范对外投资风险的前提下加强同有关国家的能源资源合作，扩大海外优质资源权益。

（三）实施全面节约战略

有效推进全面节约资源战略，大幅降低资源消耗强度，坚持节约优先，把节约资源确立为基本国策。加快形成节约资源的空间格局、产业结构、生产方式、生活方式，把经济活动、人的行为限制在自然资源和生态环境能够承受的限度内，不能干吃祖宗饭砸子孙碗的事。在生产领域，要推进资源全面节约、集约、循环利用，降低单位产品能耗物耗，加快制造业技术改造，提高投入产出效率。在消费领域，要增强全民节约意识，倡导简约适度、绿色低碳的生活方式，反对奢侈浪费和过度消费，深入开展"光盘"等粮食节约行动，广泛开展创建绿色机关、绿色家庭、绿色社区、绿色出行等行动。在资源利用上线方面，不仅要考虑人类和当代的需要，也要考虑大自然和后人的需要，把握好自然资源开发利用的度，不要突破自然资源承载能力。

四、正确认识和把握防范化解重大风险

2021年底召开的中央经济工作会议认为，进入新发展阶段，我国发展内外环境发生深刻变化，面临许多新的重大理论和实践问题，需要正确认识和把握，其中之一就是要正确认识和把握防范化解重大风险，

主要是重大金融风险。会议要求，要继续按照稳定大局、统筹协调、分类施策、精准拆弹的方针，抓好风险处置工作，加强金融法治建设，压实地方、金融监管、行业主管等各方责任，压实企业自救主体责任。要强化能力建设，加强金融监管干部队伍建设。化解风险要有充足资源，研究制定化解风险的政策，要广泛配合，完善金融风险处置机制。实现中华民族伟大复兴中国梦，前进的道路上会有各种各样的"拦路虎""绊脚石"，不可能敲锣打鼓、顺顺当当就实现，需要时刻准备应对重大挑战、抵御重大风险、克服重大阻力、解决重大矛盾，需要坚持统筹发展和安全，坚持底线思维。

（一）防范化解重大风险事关国家安全

习近平总书记指出："增强忧患意识，做到居安思危，是我们治党治国必须始终坚持的一个重大原则。我们党要巩固执政地位，要团结带领人民坚持和发展中国特色社会主义，保证国家安全是头等大事。"[1]改革开放以来，我们党始终高度重视正确处理改革发展稳定关系，始终把维护国家安全和社会安定作为党和国家的一项基础性工作。新形势下，国际环境继续发生深刻而复杂的变化，我国国家安全面临的威胁和挑战增多，特别是各种威胁和挑战联动效应明显。随着我们事业的不断前进和发展，新情况新问题会越来越多，面临的风险和挑战会越来越多，面对的不可预料的事情会越来越多。2015年资本市场的剧烈波动说明，个别监管框架存在着不适应我国金融业发展的体制性矛盾，也再次提醒我们必须通过改革保障金融安全，有效防范系统性风险。近年来我国经济发展处于增长速度换挡期、结构调整阵痛期、前期刺激政策消化期"三期叠加"阶段，实体经济边际利润率和平均利润率下滑，大量资金流向虚拟经济，资产泡沫膨胀，金融风险逐步显现，社会再生产中生产、分配、流通、消费整体循环不畅。加之国外环境复杂多变，由美方挑起的中美贸易摩擦变数依旧较大。2020年，新冠疫情"黑天鹅"

---

[1] 《习近平谈治国理政》，外文出版社2014年版，第200页。

第七章　提升领导干部正确认识和把握我国发展重大理论和实践问题的能力

突然来袭，对全球经济金融体系造成较大冲击，我国同样难以独善其身。

金融活，经济活；金融稳，经济稳。经济兴，金融兴；经济强，金融强。经济是肌体，金融是血脉，两者共生共荣。金融是国家重要的核心竞争力，金融安全是国家安全的重要组成部分。金融风险是长期潜伏的病灶，隐藏得很深，但可能爆发在一瞬间。美国次贷危机爆发就是一夜之间的事情。如果我们不能提前预判和防范，金融领域爆发风险的可能性是存在的。因此，我们一定要居安思危，增强忧患意识、风险意识、责任意识，保持清醒头脑，着力解决经济社会发展中的突出矛盾和问题，有效防范各种潜在风险。如果发生重大风险又扛不住，国家安全就可能面临重大威胁，全面建设社会主义现代化国家进程就可能被迫中断。我们必须把防风险摆在突出位置，"图之于未萌，虑之于未有"，力争不出现重大风险，或者在出现重大风险时扛得住、过得去。

（二）我国主要金融风险隐患点剖析

经济转型期各类风险不断累积，尤其是金融风险易发高发。我国经济正处在转变发展方式、优化经济结构、转换增长动力的攻关期，经济发展前景向好，但也面临着结构性、体制性、周期性问题相互交织所带来的困难和挑战，面临着跨越"中等收入陷阱"并向高收入国家迈进过程中所遭遇的种种问题，加上新冠疫情的冲击，我国经济运行面临较大压力，推进供给侧结构性改革过程中不可避免会遇到一些困难和挑战，经济运行稳中有变、变中有忧。过去，经济高速发展掩盖了一些矛盾和风险。现在，伴随着经济增速下调，各类隐性风险逐步显性化。虽然系统性风险总体可控，但不良资产风险、流动性风险、债券违约风险、影子银行风险、外部冲击风险、房地产泡沫风险、政府债务风险、互联网金融风险等不容小觑，金融市场也乱象丛生，操纵市场和幕后交易的"金融大鳄"严重影响金融市场的健康发展。我们要积极稳妥防范处置突出风险点，不忽视一个风险，不放过一个隐患，防患于未然，确保金融安全高效稳健运行。

1. 房地产泡沫是事关我国经济金融和社会发展全局的重大问题

房地产行业是高杠杆行业，是资金密集型行业，房地产开发的高周转特征决定其对资金的需求特别大。房地产泡沫经常是金融危机的诱导因素。从我国房地产金融形势来看，房地产市场的平稳性与防范系统性金融风险密切相关，房地产风险是引发系统性金融风险的重要来源之一。"十次危机九次地产"，几乎每一次的金融危机，都有一个"房地产引发金融风险传导机制模型"在起作用：在房价上涨预期的作用下，往往会出现银行信用扩张，随着房地产信贷的不断膨胀，房地产价格会继续上涨，进一步导致投机盛行，房地产泡沫的"雪球"就会越滚越大。在这个时候，政府和银行的风险意识会不断增强，一旦政府管控"用力过猛"，或者银行信贷收缩速度过快，就会引发房价上涨预期的扭转。接下来就会出现房价下跌、信用终止、市场恐慌等一连串现象，导致房地产贷款违约率上升、个人按揭贷款违约率上升，最终引起金融危机的爆发。

2. 平台垄断下的新型金融风险不断出现

科技与金融的融合没有消除金融行业固有的流动性风险、信用风险和期限错配风险，同时又带来了一些新的风险。传染性、涉众性更强，网络数据信息安全风险更突出，混业经营特征更明显，风险扩散速度更快，溢出效应更强，"垄断"与"系统性"的关联更加紧密。在平台机构进入金融领域发展的过程中，从业机构良莠不齐，部分垄断性平台机构风险防控体系不健全，加大了发生系统性金融风险的隐患。第一，"大而不能倒"平台机构增加了爆发系统性金融风险的隐患。金融机构不同于普通企业，一旦出问题就可能引发系统性金融风险。在 2008 年的次贷危机中，"大而不能倒"的金融机构放大了风险，对金融市场的稳定性带来巨大冲击。在此之后，国际社会都对系统重要性金融机构有了新的认识和新的监管框架。系统重要性金融机构的监管模式是对"大而不能倒"理论的延伸。垄断性平台机构占据了市场主导地位，交易规模巨大，跨界混业经营，市场覆盖面广，关系到海量用户的切身利益，已经成为影响极大的金融机构。一旦垄断性平台金融机构经营不力出现风险暴露，甚至出现倒闭风险，影响会非常广泛，能够引发严重的风险传染，形成系统性金融风险。第二，以科技之名行金融之实的问题严重。所谓最具"创新"色彩的大型平台金融机构，所开展的业务仍然是支付、吸收存款、发放贷款、货币市场基金、代销金融产品、保险业务等，所不同的是扩展成了综合金融服务平台，混业程度更高，引发系统性金融风险的可能性更大。第三，诱导过度负债消费导致的高杠杆和违约风险。部分平台机构在监管相对不足、只注重眼前利益的情况下，将大量消费贷款投放给偏好超前消费、实际收入低、还款能力弱的群体，导致过度负债消费，积聚了金融风险。第四，数据泄露的风险。平台机构通过科技手段形成庞大的金融网链，汇聚了大量消费者数据，掌握着客户账户、支付、存取款等信息。通过对数据的分析，能够对每个个体进行精准画像。将数据汇聚起来，可以对整个社会偏好、社会安全进行分析。当前的智能化数据为平台金融机构的相关业务提供了便利条件，但风险也伴随而来。一旦发生数据泄露，消费者利益会受到极大威胁。

3. 金融腐败是引发系统性金融风险的重大隐患

金融腐败呈现出一些独特的特点。一方面，金融体系潜藏着巨大的利益诱惑，存在着暗箱操作的空间和权力寻租的途径。这些特征导致金融腐败涉案金额巨大，造成的经济损失非常严重。另一方面，金融腐败具有链条化特征，容易沿着业务链条进行传染，扩大其危害性，扰乱市场秩序，最后引发系统性金融风险。一是金融腐败冲击金融市场。商业银行是金融腐败高发、大案要案集中的行业。小到基层员工，大到银行高管甚至行长、董事长，都有可能发生腐败问题，腐败领域覆盖整个商业银行业务流程。同时，证券市场的腐败行为波及面广，影响恶劣。证券市场一旦爆发腐败案件，涉及大量投资者切身利益，涉案金额动辄上亿元，影响极坏。证券市场的腐败形式包括内幕交易、操纵市场、虚假信息及"老鼠仓"等，多种多样，层出不穷，隐蔽性极强，界定和查处都比较困难。二是金融腐败威胁国家金融安全。金融领域的巨大利益诱惑催生了一批金融"蛀虫"，滋生了各种金融腐败行为，这不仅对单个金融机构造成损失，更会威胁到国家金融安全。金融腐败大案有可能形成挤兑风潮。金融市场的稳定很大程度上源于公众对于国家信用的信任，但金融腐败大案给银行业带来了极坏的社会影响，在一定程度上动摇了存款人的储蓄倾向，有可能导致挤兑风潮。三是金融腐败使金融"防火墙"形同虚设。金融腐败是金融监管最大的敌人，一旦金融腐败侵蚀到金融监管领域，就会发生以权谋私、利益输送、官商勾结等现象，这将严重弱化金融监管的效能，使金融安全网漏洞百出、形同虚设。金融腐败就是权力与资本的相互利用，实现各自利益的最大化，稍有不慎就会引发金融风险。

4. 地方政府隐性债务风险不容忽视

地方政府债务规模扩张及风险积累，是我国经济发展过程中的阶段性产物，目前管理措施正逐步规范。从国际比较而言，我国政府债务率指标并不高，相比美、日等爆发的地方政府违约案例，我国地方政府的债务风险总体较为可控。但需要注意的是，除了显性的债务，我国地方政府隐性债务近年来有所抬头，包括违法违规举债担保、明股实债及政府购买服务变相融资等形式，这些构成我国地方政府债务重要的潜在风险点。在各项指标考核和激励下的地方政府，想方设法通过大肆举债把GDP提上去，却无暇顾及债务规模"滚雪球"似的不断扩张后所带来的严重后果，结果就是债务"雪球"在新官旧官间"击鼓传花"。债务置换是短期内不得已的选择，但无法阻止债务"雪球"越滚越大。违规举债、变相举债形成了大量的、没有纳入限额管理的地方政府隐性债务。地方政府隐性债务由于不透明当前还难以估计其具体规模，成为地方政府债务的重要潜在风险点。

5. 资本无序扩张背后的金融风险

2021年中央经济工作会议提出要"要正确认识和把握资本的特性和行为规律"，"要发挥资本作为生产要素的积极作用，同时有效控制其消极作用。要为资本设置'红绿灯'，依法加强对资本的有效监管，防止资本野蛮生长"。资本是贪婪的，如果国家不去规范、管制，极有可能出问题。资本扩张最显著的特点就是高杠杆，即通过向金融机构借款、发债来加杠杆，相当一部分还是利用自己控制的金融机构进行关联交易。资本无序扩张引发金融风险,背后有一个共同的链条,即资本无序扩张→高杠杆→金融风险。资本扩张行为背后的过度高杠杆在威胁着金融体系和金融市场的安全。高杠杆会引发金融脆弱性,杠杆的过度使用就是金融危机的根源,是危机形成的重要诱因。一是高杠杆下的偿付风险。在扩张行为发生后,如果企业后续发展不理想,公司运营困难,财务成本支出就会成为企业巨大的负担。当企业无法偿还扩张过程中所借的本金及利息时,就会导致企业违约,引发偿付风险。依靠高杠杆实现的资本扩张属于一种投机行为,在目标结果不明确、资金流动性压力较大的背景下,这种高杠杆会直接压垮资本扩张方。二是高杠杆下的流动性风险。资本扩张过程往往伴随短债长投问题,一旦资金运转困难,就会出现流动性风险。尤其是收购过程中如果持续时间过长,收购企业容易出现流动性紧缺问题,这就需要"过桥资金",无疑增加了财务压力。此外,即使扩张完成,仍然需要大量资金维持基本运营,如果再融资遇到困难,资金无法及时到位,企业同样面临流动性风险问题。三是高杠杆背后的多层嵌套问题突出。融资方在杠杆收购过程中,往往会动用多家金融机构,通过设计复杂金融衍生品进行多层嵌套,想方设法绕开监管。多层嵌套下的风险隐蔽性更强,风险传播速度更快,资金链条更长,一个环节出现问题,整个资金链条就有可能断裂,极易引发系统性金融风险。四是高杠杆下的虚假资本金风险。为了加杠杆,需要想方设法提高资本金,但这些资本金相当一部分是虚假的、违规的和变相的,更有甚者将所控股银行的存款资金、信贷资金转为资本金,将旗下保险公司的保费收入在集团内部交叉投资,最后也"巧妙"地转换为资本金。资本金增加以后继续加大杠杆,资金规模实现了天文数字般的膨胀。虚假的资本金加上不断提高的杠杆率,为接下来的扩张创造了条件,也给金融机构造成了风险隐患。

6. 美元作为核心储备货币带来的外部冲击风险

国际货币体系合理与否关乎全球经济金融发展。历史上的银本位、金本位、金汇兑本位和布雷顿森林体系都是为建立国际货币体系而形成的不同制度安排。新冠疫情暴发之后,美国的货币政策再一次反映出当前国际货币体系存在缺陷，尤其是主权信用货币作为储备货币的内在缺陷。同时，在中美贸易摩擦的背景下，当前的国际货币体系必然会对我国的金融稳定和经济平稳发展带来风险。一是美元享受了国际货币的权利，却没有承担相应义务。美国采取无限量的量化宽松政策应对金融市场波动，短期来看是有效的，但长期来看就是在透支美元的信用。美国的货币政策更加偏向国内失业目标，而不会考虑对外目标，不论是推出还是退出量化宽松货币政策，都会引起美元汇率大起大落，其他经济体都会受到汇率波动和资本非正常流动带来的冲击。对于美联储而言，国内货币政策目标和各国对储备货币的要求经常是矛盾的，尤其是在发生金融危机期间。美国为了拉动本国经济可以不受限制向全世界举债，然后通过量化宽松减轻外债负担。其他国家只能被动防范汇率波动带来的风险。二是各国外汇储备管理的风险加大。各国的外汇储备面临两难境地：一方面，大多数国家不得不积累大量的外汇储备以应对国际收支偿付风险；另一方面，由于国际汇率制度的不稳定，积累的外汇储备数额越多，面临的汇率风险越严重。三是中美贸易摩擦增加了人民币汇率波动的风险。布雷顿森林体系崩溃之后，美元与黄金脱钩，增加了锚货币——美元指数的不确定性，伴随而来的就是各国货币汇率波动幅度的加大，货币本身在一定程度上被虚拟化，即美元本身只是一张纸，只有在美联储信用的支持下才有价值。由于美元与黄金脱钩后仅靠政府的信用来发行，因此政治因素会对其他国家的汇率产生影响。如果国际经济形势紧张，那么必定会使外汇市场动荡，导致汇率大幅波动。四是金融制裁极有可能成为美国手中的一把"利器"。在中美贸易摩擦不断扩大的背景下，需要谨防美国金融制裁给我国带来的风险。金融制裁是国际经济制裁的重要内容之一，随着全球经济金融化、全球金融美元化的发展，金融制裁的影响性日益凸显，其影响力比贸易制裁更大，却更容易被执行，更难以被规避。就金融制裁的手段来看，首先可以各种理由冻结被制裁国的资产，甚至联合其他国家对被制裁国施压；其次可以利用其在国际金融组织中的影响力切断被制裁国使用美元的渠道；最后禁止全球金融机构与被制裁国进行交易。美国影响和控制全球金融体系的重要工具就是美元，每一个从事美元业务的金融机构都在美联储开立账户，如果金融机构不遵照美国的意志行事，美国轻则可以吊销该金融机构的信用证，重则对该金融机构进行巨额处罚，或者吊销其美国业务牌照。因此，大多数金融机构不会选择去"冒犯"美国，只能遵从美国的意志和规则。由此可见，与贸易制裁相比，金融制裁的影响力更大，不对称性更强，而这种不对称性来源于美元的霸权地位。

（三）着力防范化解重大风险

提高防范化解金融风险能力，要以强化金融监管为重点，以防范系统性金融风险为底线，加快相关法律法规建设，完善金融机构法人治理结构，加强宏观审慎管理制度建设，加强功能监管，更加重视行为监管，以金融供给侧结构性改革搭建起防范系统性金融风险的"四梁八柱"。

1. 加强金融法治建设，整治金融乱象

金融市场乱象丛生是引发系统性金融风险的重大隐患。各种金融乱象特别是违法乱纪金融活动，背后牵涉的都是巨大经济利益和诸多关系纽带。要加强金融法治建设，重点整治乱办金融、非法集资、乱搞同业、乱加杠杆、乱做表外业务、违法违规套利等严重干扰金融市场秩序的行为，加强互联网金融监管，严格规范金融市场交易行为，严格规范金融综合经营和产融结合。要强化金融风险源头管控，严把市场准入关，强化金融机构防范风险主体责任，加强社会信用体系建设。要坚决取缔非法金融机构，禁止非法金融活动，持续深入打击非法集资活动，一般工商登记注册企业一律不得从事或变相从事法定金融业务，谁都不能"无证驾驶"。特别是要依法严厉打击一些打着"高大上"旗号、花样百出的庞氏骗局。对违法犯罪金融活动要敢于亮剑，对涉嫌利益输送和权钱交易的内鬼、操纵市场和幕后交易的"金融大鳄"、顶风作案的非法集资和地下钱庄要加大惩处力度，形成震慑。

2. 压实地方、金融监管、行业主管等各方责任

金融风险的源头在高杠杆。首先，要坚决遏制新增地方政府隐性债务。地方政府要加快转变发展理念，不能再走靠高负债拉动增长的老

路。要刹住无序举债搞建设的风气，防止融资平台公司变相替地方政府融资。地方财政要通过政府债券方式规范举债，合理确定发债规模，"开前门、堵后门"，确保财政可持续。其次，要加强金融监管。金融的一个根本特点就是存在较大的外部性，这就要求金融监管必须从严。这一尺度，不应随着经济形势的变化而变成橡皮筋，而应"一把尺子量到底"，坚持一个标准。最后，要降低国有企业的杠杆率。国家对市场化法治化债转股已作出决策部署。降低国有企业杠杆率，要同推动国有企业混合所有制改革结合起来，盘活存量资产，优化增量资产。要发挥资本市场和各类金融机构在企业兼并重组中的作用，实现新的价值创造。

3. 压实企业自救主体责任，促进房地产市场平稳健康发展

金融风险往往同经济过度房地产化密不可分，房地产市场充当了过量流动性的蓄水池。房地产企业和金融机构相互渗透，使经济增长、财政收入、银行资产及利润等对房地产业形成高度依赖，房价不断高涨也使要素配置日益扭曲。对个别企业由于自身经营不善出现的风险问题，要按照市场化、法治化原则，妥善处理好自身的债务问题。要建立房地产健康发展的长效机制，要坚持"房子是用来住的、不是用来炒的"这个定位。要更加重视对需求侧的管理，引导好预期，同时要完善土地供应制度，采取更科学的土地供应方式，防止房价大起大落。要按照供给侧结构性改革的思路，完善住房供给体系，有效调整供给结构，在有条件的大城市以多种方式努力增加租赁住房供应。要积极推动房地产税改革，这有利于促进房地产调控走出困局。

4. 强化能力建设，加强金融监管干部队伍建设

一是要坚持系统观念。面对错综复杂的国际形势、艰巨繁重的国内改革发展稳定任务，需要坚持系统观念。系统观念是具有基础性的思想和工作方法，是辩证唯物主义的重要认识论、方法论。要加强前瞻性思考、全局性谋划、战略性布局、整体性推进，统筹国内国际两个大局，办好发展安全两件大事，坚持全国一盘棋，更好发挥中央、地方和各方面积极性，着力固根基、扬优势、补短板、强弱项。习近平总书记强调"十个指头弹钢琴"，既坚持全面系统地推动，又以重点领域和关键环节的突破作为带动，只有如此，才能真正防范化解重大风险挑战。二是要培养一批科技驱动型金融监管人才。科技变革正在改变金融的交易规则，与此同时，新型金融风险不断涌现，这就需要将科技手段用于金融监管中，提升监管的效率和能力，减少监管"盲区"，降低监管成本。三是要治理金融监管干部队伍中的腐败问题。金融腐败与金融风险必然是交织在一起的，金融反腐是防范化解金融风险、维护金融安全的重要一环。

5. 建设现代中央银行制度

建设现代中央银行制度是推进国家治理体系和治理能力现代化的重大任务。在现代信用货币体系下，中央银行对货币管理得好，就能够发挥出货币跨时空配置资源的积极作用，促进经济持续健康发展；中央银行对货币管理得不好，不是出现货币超发导致通货膨胀和资产泡沫，就是发生信用收缩，甚至造成经济金融危机。当前我国转向高质量发展阶段，正处于转变发展方式、优化经济结构、转换增长动力的攻关期，需要以现代中央银行制度作为重要支撑，既支持经济转型升级，又防止发生严重通货膨胀或通货紧缩以及系统性金融风险，确保我国现代化进程顺利推进，维护国家安全。一是要完善货币供应调控机制，坚定执行稳健的货币政策，坚决管住货币信贷，防止宏观杠杆率快速上升。去杠杆是防范系统性金融风险的关键所在。去杠杆，千招万招，管不住货币都是无用之招。货币政策实施要处理好稳增长、调结构、控总量的关系，既保持经济平稳运行、促进提高发展质量和效益，也防止货币供应过于宽松而加大系统性金融风险。二是要稳慎推进人民币国际化。坚持市场驱动和企业自主选择，营造以人民币自由使用为基础的新型互利合作关系。保持人民币汇率弹性，发挥好宏观经济自动稳定器功能，实现内部均衡和外部均衡的平衡。提高参与国际金融治理能力，积极参与国际金融规则制定，加强与国际组织合作，推动建立多元、稳定的国际货币体系。三是要构建系统性金融风险防控体系。中央银行作为金融体系的最后贷款人，必须在事前事中事后全过程切实履行防控系统性金融风险的责任。健全宏观审慎管理体系，应对金融机构顺周期行为和金融风险跨机构跨市场传染，加强对系统重要性金融机构、金融控股公司与金融基础设施统筹监管，逐步将主要金融活动、金融市场、金融机构和金融基础设施纳入宏观审慎管理。强化金融监管协调机制，促使微观审慎监管不留空白。

6. 提高直接融资比重

提高直接融资比重，对于深化金融供给侧结构性改革，加快构建新发展格局，实现更高质量、更有效率、更加公平、更可持续、更为安全的发展，具有十分重要的意义。深化金融供给侧结构性改革要以金融体系结构调整优化为重点。我国融资结构长期以间接融资为主，信贷资产在金融总资产中的比重超过70%。提高直接融资比重，有助于稳定宏观杠杆率，更好防范化解金融风险。一是要全面实行股票发行注册制，拓宽直接融资入口。注册制改革是资本市场改革的"牛鼻子"工程，也是提高直接融资比重的核心举措。稳步在全市场推行以信息披露为核心的注册制，全面带动发行、上市、交易、持续监管等基础制度改革，督促各方归位尽责，使市场定价机制更加有效，真正把选择权交给市场，支持更多优质企业在资本市场融资发展。二是要健全中国特色多层次资本市场体系，增强直接融资包容性。形成适应不同类型、不同发展阶段企业差异化融资需求的多层次资本市场体系，增强服务的普惠性。三是要推动上市公司提高质量。高质量的上市公司群体是资本市场健康发展的基石。推动上市公司改革完善公司治理，提高信息披露透明度，更好发挥创新领跑者和产业排头兵的示范作用，引领更多企业利用直接融资实现高质量发展。

7. 以金融供给侧结构性改革有效维护金融安全

"黑天鹅"事件是无法预知的事件，任何人都不要妄想预测到下一个"黑天鹅"事件，但其脆弱性是可以衡量和判断的，没有"灰犀牛"的"配合"，"黑天鹅"扇不起大的风浪。全球之所以承受经济金融体系崩溃的压力，疫情仅仅是导火索，根源是长期以来积累的经济金融脆弱性。新冠疫情入侵了很多国家，但金融体系稳健、金融脆弱性程度较低的国家爆发金融危机的概率要小得多。我国要应对"黑天鹅"事件的冲击，关键就是以金融供给侧结构性改革降低金融脆弱性，消除金融风险隐患点。防范化解重大金融风险是金融工作的重要任务，但并不意味着就此"因噎废食"。防范化解金融风险，坚决不能"躲进小楼成一统"，而是要扬帆大海经风浪，坚定不移推进金融供给侧结构性改革，在深化改革和高水平开放中提高防控风险的能力，改革必然海阔天空，守旧未必风平浪静。深化金融供给侧结构性改革，就是要紧紧围绕服务实体经济这一根本目标，守住不发生系统性金融风险这一基本底线，用好政府与市场"两只手"。以资本市场改革、利率市场化改革、普惠金融战略、加强金融监管和推进人民币国际化等改革为抓手推进金融供给侧结构性改革，搭建金融服务实体经济和有效防控金融风险的"四梁八柱"。

五、正确认识和把握碳达峰碳中和

降低二氧化碳排放、应对气候变化不是别人要我们做，而是我们自己要做。实现碳达峰碳中和是我国向世界作出的庄严承诺，也是一场广泛而深刻的经济社会变革，绝不是轻轻松松就能实现的。

（一）推进碳达峰和碳中和是我国推动高质量发展的内在要求

党的十八大以来，党中央加强对生态文明建设的全面领导，把生态文明建设摆在全局工作的突出位置，作出一系列重大战略部署。在"五位一体"总体布局中，生态文明建设是其中一位；在新时代坚持和发展中国特色社会主义的基本方略中，坚持人与自然和谐共生是其中一条；在新发展理念中，绿色是其中一项；在三大攻坚战中，污染防治是其中一战；在到本世纪中叶建成社会主义现代化强国目标中，美丽中国是其中一个。这充分体现了中国共产党对生态文明建设重要性的认识，明确了生态文明建设在党和国家事业发展全局中的重要地位。

经济发展了，但生态破坏了、环境恶化了，那样的小康、那样的现代化不是人民希望的。绿色发展，就其要义来讲，是要解决好人与自然和谐共生问题。人类发展活动必须尊重自然、顺应自然、保护自然，否则就会遭到大自然的报复，这个规律谁也无法抗拒。推动绿色低碳发展是国际潮流所向、大势所趋，绿色经济已经成为全球产业竞争制高点。同时，生态环境直接关系到老百姓的健康和安全，而这就是我们最大的民生。发展到今天，人民群众对生态环境质量的期望值更高，对生态环境问题的容忍度更低。要集中攻克老百姓身边的突出生态环境问题，让老百姓实实在在感受到生态环境质量改善。

（二）实现碳达峰碳中和不可能毕其功于一役

实现"双碳"目标，不仅是一个降低二氧化碳排放的问题，更是一个经济结构转型和产业结构调整的问题。绿色低碳发展是经济社会全面转型的复杂工程和长期任务，能源结构、产业结构调整不可能一蹴而就，更不能脱离实际。近年来，在推动碳达峰碳中和的实践中，出现了一些问题，有的搞"碳冲锋"，有的搞"一刀切"、运动式"减碳"，甚至出现"拉闸限电"现象，这些都不符合党中央要求。如果传统能源的退出不是建立在新能源安全可靠的替代基础上，就会对经济发展和社会稳定造成冲击。减污降碳是经济结构调整的有机组成部分，要先立后破、通盘谋划。要把实现减污降碳协同增效作为促进经济社会发展全面绿色转型的总抓手，加快推动产业结构、能源结构、交通运输结构、用地结构调整。要抓住产业结构调整这个关键，推动战略性新兴产业、高技术产业、现代服务业加快发展，推动能源清洁低碳安全高效利用，持续降低碳排放强度。绿色循环低碳发展，是当今时代科技革命和产业变革的方向，是最有前途的发展领域，我国在这方面的潜力相当大，可以形成很多新的经济增长点。

我国的基本国情是以煤为主，实现碳达峰必须立足这个实际。在抓好煤炭清洁高效利用的同时，加快煤电机组灵活性改造，发展可再生能源，推动煤炭和新能源优化组合，增加新能源消纳能力。要狠抓绿色低碳技术攻关，加快先进技术推广应用，解决好推进绿色低碳发展的科技支撑不足问题，加强碳捕集利用和封存技术、零碳工业流程再造技术等科技攻关，支持绿色低碳技术创新成果转化。总之，在实现"双碳"目标的过程中，要防止简单层层分解，要确保能源供应，实现多目标平衡，多渠道增加能源供应，国有企业要带头保供稳价。

（三）坚持不懈推动绿色低碳发展

过去，全国大范围长时间的雾霾污染天气，影响几亿人口，人民群众反映强烈。我们在生态环境方面欠账太多了，如果不从现在起就把这项工作紧紧抓起来，将来会付出更大的代价。历史地看，生态兴则文明兴，生态衰则文明衰。建设生态文明，关系人民福祉，关乎民族未来。生态环境保护是功在当代、利在千秋的事业。党的十八大把生态文明建设纳入中国特色社会主义事业"五位一体"总体布局，明确提出大力推进生态文明建设，努力建设美丽中国，实现中华民族永续发展。这标志着我们对中国特色社会主义规律认识的进一步深化，表明了我们加强生态文明建设的坚定意志和坚强决心。生态环境问题归根到底是发展方式和生活方式问题。建立健全绿色低碳循环发展经济体系、促进经济社会发展全面绿色转型是解决我国生态环境问题的基础之策。要把生态环境保护放在更加突出位置，像保护眼睛一样保护生态环境，像对待生命一样对待生态环境，在生态环境保护上一定要算大账、算长远账、算整体账、算综合账，不能因小失大、顾此失彼、寅吃卯粮、急功近利。要坚定不移走绿色低碳循环发展之路，构建绿色产业体系和空间格局，引导形成绿色生产方式和生活方式，促进人与自然和谐共生。

◀ 第八章 ▶

培养选拔具有驾驭社会主义市场经济能力的领导干部

办好中国的事情，关键在党，关键在人。面对当前复杂严峻的国内外环境和全面建设社会主义现代化国家的繁重任务，需要大力培养选拔一大批具有驾驭社会主义市场经济能力的领导干部，不断增强干部推动高质量发展和建设现代化经济体系的本领，为实现高质量发展提供根本保证。

一、领导干部要坚定理想信念

中国共产党成立 100 多年来，始终是有崇高理想和坚定信念的党。这个理想信念，就是马克思主义信仰、共产主义远大理想、中国特色社会主义共同理想。理想信念是中国共产党人的精神支柱和政治灵魂，也是保持党的团结统一的思想基础。崇高的理想、坚定的信念，是共产党人的立身之本，是领导干部抵御一切诱惑的决定性因素。党员干部有了坚定理想信念，才能经得住各种考验，走得稳、走得远；没有理想信念，或者理想信念不坚定，就经不起风吹浪打，关键时刻就会私心杂念丛生，甚至临阵脱逃。形成坚定理想信念，既不是一蹴而就的，也不是一劳永逸的，而是要在斗争实践中不断砥砺、经受考验。领导干部不仅要把理想信念建立在经验事实的基础上，更要建立在深刻把握中国特色社会主义发展的客观规律和必然趋势上。做共产主义远大理想和中国特色社会主义共同理想的坚定信仰者，始终不渝地走中国特色社会主义道路，虔诚而执着，至信而深厚，我们前进的脚步就不会被任何困难和坎坷所阻挡。读书学习是领导干部加强党性修养、坚定理想信念、提升精神境界的一个重要途径。读书、修身、立德，不仅是立身之本，更是从政之基。

二、领导干部要把"以人民为中心"落到实处

人民对美好生活的向往就是我们的奋斗目标。纵观历史，我们党干革命、搞建设、抓改革，都是为了让人民过上幸福生活。进入新时代，我国社会主要矛盾已经转化为人民日益增长的美好生活需要和不平衡不充分的发展之间的矛盾，人民对美好生活的向往更加强烈，人民群众的需要呈现多样化多层次多方面的特点，期盼有更好的教育、更稳定的工作、更满意的收入、更可靠的社会保障、更高水平的医疗卫生服务、更舒适的居住条件、更优美的环境、更丰富的精神文化生活。中国共产党要干的事情，就是要满足人民群众对美好生活的向往，紧扣我国社会主要矛盾变化，积极回应人民群众所想、所盼、所急，始终为人民过上幸福生活而努力工作。

人民性是马克思主义最鲜明的品格。始终同人民在一起，为人民利益而奋斗，是马克思主义政党同其他政党的根本区别。中国共产党始终代表最广大人民根本利益，没有任何自己特殊的利益。坚持人民立场，就要把人民拥护不拥护、赞成不赞成、高兴不高兴、答应不答应作为衡量一切工作得失的根本标准。党的根基在人民、血脉在人民、力量在人民，人民是我们党执政的最大底气。发展为了人民，这是马克思主义政治经济学的根本立场。以人民为中心不是一个抽象玄奥的概念，更不是停留在口头上的口号，而是同人民最关心最直接最现实的利益紧密相关。习近平总书记多次强调，群众利益无小事，要切实解决好群众的操心事、烦心事、揪心事。群众关心的就业、教育、社保、医疗、养老、

托幼、住房等实实在在的事情,就是我们工作的重心所在。中国共产党所有的努力,就是要不断推动幼有所育、学有所教、劳有所得、病有所医、老有所养、住有所居、弱有所扶取得新进展。

三、领导干部要树立正确的"政绩观"

领导干部想问题、作决策,一定要对"国之大者"心中有数,多打大算盘、算大账,少打小算盘、算小账,善于把地区和部门的工作融入党和国家事业大棋局,做到既为一域争光、更为全局添彩。树立和践行正确政绩观,起决定性作用的是党性。只有党性坚强、摒弃私心杂念,才能保证政绩观不出偏差。共产党人必须牢记,为民造福是最大政绩。我们谋划推进工作,一定要坚持全心全意为人民服务的根本宗旨,坚持以人民为中心的发展思想,坚持发展为了人民、发展依靠人民、发展成果由人民共享,把好事实事做到群众心坎上。什么是好事实事,要从群众切身需要来考量,不能主观臆断,不能简单化、片面化。哪里有人民需要,哪里就能做出好事实事,哪里就能创造业绩。业绩好不好,要看群众实际感受,由群众来评判。有些事情是不是好事实事,不能只看群众眼前的需求,还要看是否会有后遗症,是否会"解决一个问题,留下十个遗憾"。

四、领导干部要敢于斗争善于斗争

马克思主义产生和发展、社会主义国家诞生和发展的历程充满着斗争的艰辛。建立中国共产党、成立中华人民共和国、实行改革开放、推进新时代中国特色社会主义事业,都是在斗争中诞生、在斗争中发展、在斗争中壮大的。当今世界正经历百年未有之大变局,我们党领导的伟大斗争、伟大工程、伟大事业、伟大梦想正在如火如荼进行,改革发展稳定任务艰巨繁重,我们面临着难得的历史机遇,也面临着一系列重大风险考验。一个大国的崛起,绝不可能是轻轻松松、一帆风顺的,必然要经历一番艰苦的磨炼和斗争。在前进道路上我们面临的风险考验只会越来越复杂，甚至会遇到难以想象的惊涛骇浪。我国发展进入各种风险挑战不断积累甚至集中显露的时期，面临的重大斗争不会少，经济、政治、文化、社会、生态文明建设，国防和军队建设，港澳台工作，外交工作，党的建设等方面都有，而且越来越复杂。更为重要的是，我们面临的各种斗争不是短期的而是长期的，至少要伴随我们实现第二个百年奋斗目标全过程。

党的二十大要求"全党同志务必不忘初心、牢记使命，务必谦虚谨慎、艰苦奋斗，务必敢于斗争、善于斗争，坚定历史自信，增强历史主动，谱写新时代中国特色社会主义更加绚丽的华章"。胜利实现我们党确定的目标任务，领导干部必须清醒认识前进道路上进行伟大斗争的长期性、复杂性、艰巨性，坚持底线思维，增强忧患意识，发扬斗争精神，提高斗争本领。既要敢于斗争，勇于碰硬，又要善于斗争，讲究斗争艺术和策略。领导干部要有草摇叶响知鹿过、松风一起知虎来、一叶易色而知天下秋的见微知著能力，对潜在的风险有科学预判，知道风险在哪里，表现形式是什么，发展趋势会怎样，该斗争的就要斗争。在各种重大斗争中，我们要坚持增强忧患意识和保持战略定力相统一、坚持战略判断和战术决断相统一、坚持斗争过程和斗争实效相统一。领导干部要守土有责、守土尽责，召之即来、来之能战、战之必胜。

斗争精神、斗争本领不是与生俱来的。领导干部要经受严格的思想淬炼、政治历练、实践锻炼，在复杂严峻的斗争中经风雨、见世面、壮筋骨，真正锻造烈火真金。要学懂弄通做实党的创新理论，掌握马克思主义立场观点方法，夯实敢于斗争、善于斗争的思想根基，理论上清醒，政治上才能坚定，斗争起来才有底气、才有力量。要坚持在重大斗争中磨砺，越是困难大、矛盾多的地方，越是形势严峻、情况复杂的时候，越能练胆魄、磨意志、长才干。

2018年，美国主动挑起贸易。面对突如其来的贸易摩擦，需要领导干部既敢于斗争又善于斗争。1949年6月30日，庆祝中国共产党成立28周年的大会上，毛泽东说："我们要学景阳冈上的武松。在武松看来，景阳冈上的老虎，刺激它也是那样，不刺激它也是那样，总之是要吃人的。或者把老虎打死，或者被老虎吃掉，二者必居其一。"[①] 中国是全球化的受益者，也是积极推动者，反对各种贸易保护主义、单边主义，中国一点都不想打"贸易战"。但既然躲不过去，只能亮剑，在矛盾冲突面前敢于迎难而上，在危机困难面前敢于挺身而出，在歪风邪气面前敢于坚决斗争。同时也要善于斗争。当美国给我们提高关税之后，要采取合理有效的反制措施，"打蛇打七寸"，更好维护我国的利益。

五、领导干部要加强经济学知识、科技知识学习

中国特色社会主义进入新时代，我国经济发展面临许多新问题、新变化，同时科技革命蓬勃发展、信息技术日新月异。这就需要领导干部加强经济学知识、科技知识学习，否则就跟不上时代步伐。一要认真学习经济学知识和习近平经济思想。党的十八大以来，以习近平同志为核心的党中央作出经济发展进入新常态的重大判断，形成以新发展理念为指导、以供给侧结构性改革为主线的政策框架，贯彻稳中求进工作总基调，引领我国经济实现高质量发展。习近平同志围绕社会主义经济建设发表的一系列重要论述，立意高远，内涵丰富，思想深刻，全面回答了我国经济发展怎么看、怎么干的重大问题。广大干部群众需要学习、理解、掌握习近平经济思想的核心要义。二要认真学习科技知识。一个国家只是经济体量大，还不能代表强。我们是一个大国，在科技创新上要有自己的东西。一定要坚定不移走中国特色自主创新道路，培养和吸引人才，推动科技和经济紧密结合，真正把创新驱动发展战略落到实处。有人认为，科技创新对经济社会发展是远水解不了近渴，结果是在实际工作中对科技工作说起来重要、干起来次要、忙起来不要。这种想法和做法必须纠正。很多科研也许是明天的工作，但今天不开始干，需要时就真的成"远水"了。三要认真学习习近平同志对把握新发展阶段、贯

---

① 《毛泽东选集》(第四卷)，人民出版社1991年版，第1473页。

彻新发展理念、构建新发展格局的深刻阐述。把握新发展阶段、贯彻新发展理念、构建新发展格局，是以习近平同志为核心的党中央统筹中华民族伟大复兴战略全局和世界百年未有之大变局，与时俱进提升我国经济发展水平、塑造我国国际经济合作和竞争新优势作出的重大战略判断和战略抉择，明确了我国发展的历史方位、现代化建设的指导原则、经济现代化的路径选择，反映了我们党对我国经济发展规律的新认识，丰富和发展了中国特色社会主义政治经济学。

六、加强领导干部能力建设

加强领导干部能力建设，提高领导经济工作科学化水平。善于做经济工作，是领导干部能力十分紧要的方面。面对前所未有的复杂形势和艰巨繁重的任务，我们必须拥有更多政策水平高、专业能力强、实践经验多、善于做经济工作的领导人才。各级领导干部要围绕经济社会发展重大问题加强学习和调研，提高把握和运用市场经济规律、自然规律、社会发展规律能力，提高科学决策、民主决策能力，增强全球思维、战略思维能力，做到厚积薄发。各级党委领导同志要通过学习、实践等方式尽快进入角色，成为领导经济工作的行家里手。各级党委及组织部门要从选拔、任用、考核、培训等多方面入手，在各级班子中配备懂经济特别是具备领导科学发展能力的干部。尤其是在进入新发展阶段之后，各级领导干部都要有本领不够的危机感，都要努力增强本领，都要一刻不停地增强本领。只有全党本领不断增强了，才能让中国特色社会主义市场经济的"巨轮"行稳致远。

结　　语

　　党的二十大是在全党全国各族人民迈上全面建设社会主义现代化国家新征程、向第二个百年奋斗目标进军的关键时刻召开的一次十分重要的大会。中国共产党已走过百年奋斗历程。我们党立志于中华民族千秋伟业，致力于人类和平与发展崇高事业，责任无比重大，使命无上光荣。中国特色社会主义进入新时代，我国经济发展进入新常态，我们要把适应新常态、把握新常态、引领新常态作为贯穿发展全局和全过程的大逻辑。从历史长过程看，我国经济发展历程中新状态、新格局、新阶段总是在不断形成。新常态下，尽管我国经济面临较大下行压力，但在今后一个时期，我国仍处于发展的重要战略机遇期，经济发展长期向好的基本面没有变，经济韧性好、潜力足、回旋空间大的基本特质没有变，经济持续增长的良好支撑基础和条件没有变，经济结构调整优化的前进态势没有变。提高领导经济工作能力，就是要把握这些大势，坚持以经济建设为中心，坚持发展是硬道理的战略思想，变中求新、新中求进、进中突破，推动我国经济实现高质量发展。党的十八届三中全会提出，使市场在资源配置中起决定性作用和更好发挥政府作用，这是构建社会主义市场经济体制的根本要求。一名领导干部是否具有较高的领导经济工作的能力，关键就看他是否懂得社会主义市场经济的基本原理，是否能驾驭社会主义市场经济，是否会利用市场经济的基本规律来发展经济。

　　学习是文明传承之途、人生成长之梯、政党巩固之基、国家兴盛之要。高度重视学习、善于进行学习，是我们党的优良传统和政治优势，是我们党保持和发展先进性、始终走在时代前列的重要保证，也是领导干部健康成长、提高素质、增强本领、不断进步的重要途径。掌握和运用马克思主义立场观点方法来研究和解决中国的实际问题，是中国共产党人一直以来保持的优良传统。当前，世界百年未有之大变局加速演进，世界之变、时代之变、历史之变的特征更加明显。我国发展面临新的战略机遇、新的战略任务、新的战略阶段、新的战略要求、新的战略环境，需要应对的风险和挑战、需要解决的矛盾和问题比以往更加错综复杂。在全面建设社会主义现代化国家的新征程上，领导干部只有认认真真地学习、与时俱进地学习、持之以恒地学习，才能始终跟上时代进步的潮流，才能担当起领导重任。

进入新发展阶段，是中华民族伟大复兴历史进程的大跨越。从第一个五年计划到第十四个五年规划，一以贯之的主题是把我国建设成为社会主义现代化国家，这个意志和决心始终没有动摇。在这个过程中，我们党对建设社会主义现代化国家在认识上不断深入、在战略上不断成熟、在实践上不断丰富，加速了我国现代化发展进程，提出到 2035 年基本实现社会主义现代化，到本世纪中叶把我国建成富强民主文明和谐美丽的社会主义现代化强国。未来 5 年是全面建设社会主义现代化国家开局起步的关键时期，搞好这 5 年的发展对于实现第二个百年奋斗目标至关重要。要紧紧抓住解决不平衡不充分的发展这一问题，着力在补短板、强弱项、固底板、扬优势上下功夫，研究提出解决问题的新思路、新举措。

高惺惟